Friedrich Scholz

Die Spielregeln des Lebens

12 Gesetze, die unser Schicksal lenken

Reichel Verlag

93053 Regensburg
E-Mail: mail@reichel-verlag.de
www.reichel-verlag.de

Umschlaggestaltung Christian Wolf

www.friedrichscholz.com

ISBN 978-3-941435-16-2

Man kann einen Menschen nichts lehren,
man kann ihm nur helfen,
es in sich selbst zu entdecken.

- Galileo Galilei -

Inhalt

Urwissen statt Unwissenheit

Die Frage *»warum«* ist offensichtlich die wichtigste Frage unseres Lebens. Schon als Kinder erkunden wir die Welt und stellen uns so Fragen wie: »Warum ist der Himmel blau, das Gras grün, das Blut rot?«

Die Wissenschaft hat uns diese Fragen beantwortet. Der Himmel erscheint uns blau wegen der Brechung des Lichts in der Atmosphäre. Das Gras ist grün durch das sich darin befindende Chlorophyll, und das Blut ist rot vom Hämoglobin, dem roten Blutfarbstoff.

Die Wissenschaft gibt uns Antworten auf unsere Fragen. Sie erscheint allwissend und allmächtig. Doch es gibt auch sehr viele Fakten, die sie nicht erklären kann. In solchen Fällen leugnet die Wissenschaft einfach die Existenz dessen, was ihr nicht zu greifen möglich ist – ungeachtet der Tatsache, dass diese Dinge einen beträchtlichen Teil unserer menschlichen Erfahrung ausmachen.

Ihrem überholten, mechanischen Weltbild zufolge verleugnet die Wissenschaft das Vorhandensein eines tieferen Sinnes unseres Lebens und spricht von Zufällen und Bedeutungslosigkeit. Sie zerteilt die Materie in immer kleinere Teile bis zu dem Punkt, wo sich ihr angeblich gesichertes Wissen selbst zu widersprechen beginnt. Trotzdem erlangt sie zunehmend Einblick in die Geheimnisse der Natur.

Doch in gleichem Maße, wie die Menschheit an *»know-how«* gewinnt, verliert sie das *»know-why«*. Wenn es um zentrale Fragen des Lebens geht wie: »Warum bin ich hier?«, »Was ist der Sinn meines Lebens?«, »Woher komme ich?« oder »Wohin gehe ich?«, erschöpft sich die Wissenschaft in langatmigen Erklärungen, die sinngemäß in einen Satz gefasst lauten: »Wir wissen es nicht.« Die Wissenschaft hat keine Ahnung von den Wurzeln der Menschheit – vom Urwissen der Menschen – von *den Spielregeln des Lebens*.

Unterdessen sind in der westlichen Welt psychiatrische Erkrankungen im Vormarsch. Unsere Gesellschaft übt sich regelrecht darin, psychisch kranke Menschen zu produzieren. Die steigende Anzahl an psychisch Erkrankten kann jedoch als Indikator dafür gesehen werden, dass die Richtung, in welche sich unsere Gesellschaft bewegt, nicht die richtige sein kann.

Das Streben nach Profit steht im Vordergrund. Traditionelle Werte bleiben auf der Strecke. Der Verbrauch von Psychopharmaka nimmt unfassbare Ausmaße an.

Die Menschen haben ihre Wurzeln, und damit ihren Halt verloren. Sie sind ratlos. Ihr Leben besteht zunehmend aus Hast und Eile. Die Welt dreht sich für so viele dermaßen schnell, dass sie keine Zeit mehr finden innezuhalten, um darüber zu reflektieren, was sie überhaupt tun. Leere macht sich breit.

Das Leben erscheint vielen wertlos – die Menschen sind planlos – und schlussendlich empfinden viele Menschen ihr Leben als im Grunde sinnlos … Von der Gesellschaft werden Ersatzbefriedigungen als Ablenkung angeboten.

Das Burnout-Syndrom, der Tablettenmissbrauch, der Alkohol-Abusus und verschiedenste Formen von Drogenabhängigkeit sind Erscheinungen unserer modernen Zivilisation. Die

Menschen betäuben sich, um die innere Leere zu übertünchen. Sie fühlen sich entwurzelt.

Das Urwissen über den Wert, die Bedeutung und den Sinn des Lebens ist ihnen abhanden gekommen. Das *Urwissen* ist dem *Unwissen* gewichen. Und so taumeln die Menschen haltlos durch ihr Leben, wie ein angeschlagener Boxer durch den Ring.

Statistiken belegen, dass an zweiter Stelle der Todesursachen unter amerikanischen Studenten, nach den Verkehrsunfällen, der Selbstmord rangiert. Dabei ist die Anzahl der erfolglosen Suizidversuche etwa fünfzehn Mal so hoch. Eine Statistik der *Idaho State University* belegt, dass 85 % der missglückten Selbstmordversuche aus dem Motiv der Sinnlosigkeit begangen werden. In dieser Statistik wurden sechzig Studenten zum Motiv ihres Suizidversuches befragt. Interessant sind in diesem Zusammenhang die Aussagen der Personen zu ihren persönlichen Umständen.

Demnach waren von den Personen, welche in ihrem Leben keinen Sinn mehr erkennen konnten, 93 % sowohl körperlich, als auch geistig vollkommen gesund. Sie kamen aus funktionierenden Familien, hatten keinerlei finanzielle Probleme und kamen auch im Studium zufriedenstellend voran.

Der Gründer der Logotherapie, Professor Viktor Frankl, beschrieb den Zusammenhang zwischen dem abgründigen Leeregefühl der Menschen und dem damit einhergehenden Sinnlosigkeitsgefühl. Er äußerte dazu, dass es wohl weniger darauf ankommt, ob das Leben eines Menschen lust- oder leidvoll ist, als vielmehr darauf, ob es sinnvoll ist.

Um den Sinn eines Spieles zu erkennen, muss man um seine Regeln Bescheid wissen. Und um den Sinn des Lebens zu verstehen, muss man seine Spielregeln kennen …

Die Geisteswissenschaft hat das Problem, bezüglich der Leere im Menschen, zwar richtig analysiert, doch welche Lösung bietet sie uns an, was sagt sie über den Sinn des Lebens? – Nichts, denn sie kennt ihn nicht.

Die westlichen Religionen sehen den Sinn des Lebens darin ein *gottesfürchtiges* Leben zu führen, um danach im Himmel, Hölle oder Fegefeuer zu enden. Einige Menschen geben sich mit dieser Antwort zufrieden, die meisten jedoch nicht …

Die Wissenschaft leugnet die Existenz Gottes, die Religionen halten in der Argumentation dagegen. Die Kontrahenten streiten sich, die Menschen sehen zu, zucken mit den Schultern und sagen: »Wenn die Gelehrten es nicht wissen, wie soll ich es tun?« Ratlos wenden sie sich von den philosophischen Fragen des Lebens ab.

Unsere Gesellschaft währenddessen ist mit ganz anderen Dingen beschäftigt. Sie braucht wirtschaftlichen Profit um jeden Preis – sei es auf Kosten unserer Umwelt oder auf Kosten der Arbeitnehmer. Der Einzelne findet sich wieder im Karussell von Leere, Wertlosigkeit, Ratlosigkeit und Sinnlosigkeit …

Warum nun dieses Buch? Weil ich selbst mehr als zwanzig Jahre vergeblich nach solch einem Buch suchte und glaube, dass es vielen anderen Menschen gleich ergeht. Weil die Zeit dafür reif ist. Weil die Wirtschaft in Zeiten der Globalisierung auf der Suche nach Profit unseren Planeten zerstört – und weil der Mensch, der Einzelne, das Individuum in unserer Gesellschaft zunehmend auf der Strecke bleibt.

Einerseits steigt die Anzahl derer, die, angesichts der Ermangelung einer Erkenntnis eines höheren Sinnes, am Leben verzweifeln. Sie suchen Trost bei Sekten, Betäubung vom Alltag oder schlimmstenfalls gar die Lösung ihrer Probleme im Suizid.

Andererseits erwachen immer mehr Menschen aus ihrem schlafähnlichen Zustand und erkennen, dass der *Sinn des Lebens* woanders zu finden sein muss als im Erlangen von Gütern. Immer mehr Menschen spüren, dass ihre persönlichen Bedürfnisse ganz andere sind, als ihnen die Gesellschaft suggerieren will. Sie begeben sich auf die Suche nach ihren Wurzeln und damit auf die Suche nach dem *wahren* Sinn.

Beiden Gruppen kann der Weg gezeigt werden. Man kann nämlich den Wert, die Bedeutung und den Sinn unseres Lebens schlüssig erklären. Doch nur unter der Voraussetzung, den falschen Vorstellungen der Wissenschaft und der Religionen den Rücken gekehrt zu haben.

Darum wollen wir uns den Spielregeln des Lebens zuwenden, um den Sinn des Lebens zu verstehen. Wir werden in eine Zeit zurückblicken, in der die Menschen noch tief verwurzelt waren und über die Zusammenhänge im Universum Bescheid wussten.

Eine Zeit, in der die moderne Wissenschaft noch nicht existierte und die Religionen, um ihre Existenz kämpfend, noch in ihren Windeln lagen.

Wer den Sinn des Lebens mit seinen fünf Sinnen
in der materiellen Welt sucht,
wird ihn niemals finden.

Friedrich Scholz

Die hermetischen Lehren

Wenn man sich in unserer »modernen«, westlichen Welt die Frage nach dem Sinn – und den Spielregeln des Lebens stellt, findet man sich sehr schnell alleingelassen auf weiter Flur. Die Wissenschaft zerlegt unser Leben von der Zeugung bis zum Tod. Doch was sie uns dann mit ihrem materiellen Weltbild als Erklärung für den Sinn des Lebens anbietet, stellt die meisten Menschen nicht zufrieden. Dass der alleinige Sinn die Fortpflanzung und die Evolution sei, ist für einen selbstständig denkenden Menschen zu wenig.

Zugegeben, wenn man sich auf der Suche nach dem Sinn des Lebens auf den Zeitraum zwischen Zeugung und physischem Tod eines Menschen beschränkt, ist es unmöglich, einen solchen Sinn zu erkennen. Zu unterschiedlich sind allein die Voraussetzungen und Bedingungen, unter denen die Menschen ins Leben treten. Auch die Lebensdauer wirft Fragen auf. Warum werden die einen Menschen in Wohlstand und Gesundheit alt, während andere arm und krank schon in jungen Jahren sterben? Was ist der Grund dafür? Worin liegt da der Sinn? Wo bleibt da die Gerechtigkeit?

Selbst die westlichen Religionen gelangen in ihrem Redefluss ins Stocken, wenn die Sprache auf den Sinn des Lebens kommt. Sie sprechen davon, dass es wichtig ist, ein gottesfürchtiges Leben zu führen, um nach dem Tod ins Paradies zu gelangen. Sie befassen sich zwar mit dem Thema: »Was kommt nach dem Tod?«, sie versprechen den Menschen die Vergebung ihrer »Sünden« und das »Eingehen ins Paradies«; aber nur, wenn die Menschen so tun, wie ihnen gesagt wird. Religionen versprechen den Menschen ein besseres Leben *nach* dem Tod, wenn diese dem Klerus finanziell ein besseres Leben *vor* deren Tod bescheren. Nach dem Motto: »Tauschen Seelenheil gegen Geld.«

Religionen bieten vielen Menschen zwar eine tröstlichere Antwort als die Wissenschaft, doch für die meisten sind diese Perspektiven nicht wirklich der Weisheit letzter Schluss. Wenn man die Geistlichen nach der Gerechtigkeit im Leben fragt, bekommt man die Antwort: »Die Wege des Herrn sind unergründlich« – und das sind sie auch – für den, der keine Ahnung hat …

So ist der Tod für die Menschen der westlichen Welt etwas Unbekanntes, und vor Dingen, die einem nicht vertraut sind, fürchtet man sich. Wir leben zwar in einer nekrophilen Gesellschaft, welche sich in mehrfacher Hinsicht am Leiden oder Tod der anderen ergötzt, wenn es aber um den Vorgang des Sterbens und die Geschehnisse um den Tod an sich geht, schieben die meisten Menschen dieses Thema beängstigt und verschämt weit von sich.

In früheren Hochkulturen war das Sichbefassen mit dem Tod und dem Sterbeprozess etwas Natürliches. In China, in Tibet, in Ägypten – es gab viele Kulturen, die sich mit dem Tod und dem Geschehen »danach« aktiv auseinandersetzten. Aus den zuletzt erwähnten Kulturen stammen sowohl das »Ägyptische Totenbuch« als auch das »Tibetanische Totenbuch«. Auf beide Bücher werden wir noch genauer eingehen.

Selbst im frühen Christentum hatten Sterben und Tod eine andere Wertigkeit als in unseren Tagen. Jesus meinte diesbezüglich, dass man erst durch den Tod das Leben erringt; und im Tibetischen Totenbuch steht geschrieben: »Wer nicht das Sterben gelernt hat, kann nicht das Leben lernen.«

Nun ist es aber so, dass die Menschen unserer Gesellschaft sich nicht mit dem Tod auseinandersetzen wollen und den Sinn des Lebens nicht finden, während sich die Menschen vergangener Kulturen mit dem Sterben befassten und offensichtlich über den Sinn des Lebens Bescheid wussten. Könnte es nicht sein, dass zwischen den Spielregeln des Lebens, dem Sinn des Lebens und dem Geschehen nach unserem physischen Tod ein direkter Zusammenhang besteht?

Ägypten in ewiger Harmonie

Im alten Ägypten wurde der Zustand der ewigen Harmonie Ma'at genannt. Dieser Zustand soll der Überlieferung zufolge von Anfang der Schöpfung an bestanden haben. Nur durch menschliches Fehlverhalten konnte es zum Abweichen von diesem harmonischen Zustand kommen. Daher hatte jeder Bürger, ungeachtet seiner sozialen Stellung, die Aufgabe, an der Erhaltung der Harmonie mitzuwirken.

Die letzte Instanz und die höchste Verantwortung beim Erhalt von Ma'at verblieb beim Pharao, dessen Bestrebungen der Garant dafür waren, dass die Harmonie zwischen der feinstofflichen Welt und der physischen Welt Bestand hatte. Der Pharao stützte sich dabei auf ein Tempelsystem, welches ganz Ägypten durchzog.

Innerhalb dieser perfekten Harmonie existierten für die Ägypter zwei verschiedene Welten:

1. die grobstoffliche, physische, in der sie aktuell lebten
2. die feinstoffliche, welche sie nach ihrem physischen Tod aufsuchten. Diese bezeichneten sie als Jenseitsland.

Dieses Jenseitsland war nicht ein ferner Ort, wie das Paradies oder Himmel und Hölle; nein, diese feinstoffliche Welt war allgegenwärtig und dabei eng mit der physischen Welt verknüpft. Die geistige Welt und die grobstoffliche Welt teilten sich praktisch denselben Raum. Die physische Existenz war umgeben von der Feinstofflichkeit.

Interessanterweise war die physische Existenz den Auswirkungen der Zeit unterlegen, während das Jenseitsland sich jenseits der Zeit befand. (Das besagen im Übrigen auch die Überlieferung der hellsichtigen Kelten.) Die Zeit begann mit der Schöpfung des Universums und würde mit dessen Zusammenbruch wieder enden. Die materielle Welt galt als vergänglich, die feinstoffliche Welt dagegen hatte ewigen Bestand.

Das Jenseitsland wurde von den Ägyptern als Quelle der physischen Welt angesehen. Alles, aber auch wirklich alles, was in der physischen Welt existierte, hatte seinen Ursprung in der Feinstofflichkeit.

Um es noch einmal klar herauszustreichen: das Jenseitsland war im Gegensatz zum propagierten Paradies der aktuellen Religionen, keine ferne Abstellkammer für Verblichene, sondern der Ursprung allen Lebens.

Die Ägypter vertraten die Meinung, dass die feinstoffliche Welt, welche aus reiner Energie besteht, alles für uns Sichtbare manifestiert, indem sie die Schwingung der Energie so verlangsamt, dass sie als Materie in unserer physischen Welt in Erscheinung tritt.

Und genau das ist es, was uns die Quantenphysiker der Gegenwart zu erklären versuchen: *Materie ist nur langsam schwingende Energie.*

Osiris war der Herrscher über das Jenseitsland und *Thot* geleitete die Verstorbenen in das Reich der »Toten«. Interessanterweise wurden aber die »Toten« als die wahrhaft Lebenden angesehen, denn sie hatten die Beschränkungen der physischen Welt hinter sich gelassen. Die Menschen, welche wir als Lebende ansehen, betrachteten die Ägypter als »Schlafende«, denn diese konnten sich an den Ursprung, die Unsterblichkeit der Seele und den wahren Sinn nicht mehr bewusst erinnern.

»Normale« Menschen hatten zu diesem Wissen keinen Zugang. Dieses Wissen war nur den Eingeweihten vorbehalten. Denn obwohl die feinstoffliche Welt stets um uns ist, können die meisten Menschen diese nicht wahrnehmen und mit der geistigen Welt auch nicht in Kontakt treten. Erst im Augenblick des Todes traten die Nicht-Eingeweihten über die Schwelle des Jenseitslandes und hatten wieder Zugang zum ewigen Wissen.

Der Führer ins Jenseitsland, der von den Griechen *Thot* genannt wurde, trug in Ägypten den Namen *Tehuti.* Heute ist er vielen Menschen unter einem anderen Namen ein Begriff: *Hermes Trismegistos* – »Hermes, der dreifach Größte«.

Hermes Trismegistos besaß das Wissen über die »Geheimnisse der Nacht« und hatte die Möglichkeit, die Lebenden in diese Geheimnisse einzuweihen. Unter seiner Anleitung und mit der richtigen Technik konnten Menschen gedanklich in das Jenseitsland reisen und am universellen Wissen teilhaben.

Ein Mensch musste initiiert werden – also in die Technik eingeweiht werden –, um diese Reise antreten zu können. Aus vielen Aufzeichnungen geht hervor, dass sowohl Männer als auch Frauen eingeweiht wurden. Es gab keinen geschlechtsspezifischen Ausschlussgrund, die Menschen mussten bereit für die Reise sein – und schweigen. Noch heute kann man im Horustempel in Edfu die eingemeißelte Warnung lesen: »Enthülle nicht, was du in dem Mysterium der Tempel gesehen hast.«

Die Initiation

Wenn Menschen über die Schwelle des Todes treten und ins Jenseits eingehen, setzt der außerkörperliche Zustand, den die Ägypter als *ba* bezeichneten, automatisch ein. Will man aber Zeit seines Lebens in einen solchen Zustand überwechseln, muss die außerkörperliche Erfahrung bewusst herbeigeführt werden. Dazu benötigt man eine Initiationstechnik, ein Ritual, um im vollen Bewusstsein diese Reise antreten zu können.

»Dr. Jeremy Naydler, der die Mysterien der ägyptischen Texte ergründet hat, (...) legt den Schluss nahe, dass die alten Ägypter ungewöhnliche Initiationstechniken anwandten, die eine Kenntnis des Jenseitslandes vermittelten und dem Einzelnen ermöglichten, es zu besuchen und wieder zurückzukehren«, berichtet Michael Baigent. *»In der Tat gibt es gewisse ägyptische Tempelrituale, die von den Wissenschaftlern nicht ganz durchschaut werden. Laut den vorliegenden Texten saß der*

amtierende Priester an einem ruhigen Ort und wandte spezifische Techniken an, um einen Zustand zu erreichen, den die Hieroglyphen als qed beschreiben. Unter normalen Umständen wird dieses Wort mit ›Schlaf‹ übersetzt, doch in einem rituellen Kontext deutet es auf einen Zustand der Trance oder Meditation hin.« [1]

Es wäre falsch, die Initiation und die Reise ins Jenseitsland als Aberglauben abzutun, denn zu groß ist die Verbreitung des Wissens darüber. Der römische Philosoph Seneca wusste darüber genauso Bescheid wie Plutarch, Heraklit, Pythagoras oder Plato, welcher den Ausspruch tätigte: »Zu sterben heißt, initiiert zu werden.«

Themestius behauptete, dass, wer initiiert sei, das gleiche Wissen hätte wie die Toten.

»Gegen Ende des 3. und zu Beginn des 4. Jahrhunderts v. Chr. lehrte der Philosoph Iamblichus von Apamea, einer der prominentesten neoplatonischen Gelehrten seiner Zeit, im heutigen Libanon. (...) Iamblichus hatte sich mit der Mystik Ägyptens vertraut gemacht. Eines seiner Hauptwerke trug den Titel ›De mysteriis‹ (Über die Geheimlehren). Darin enthüllte er viel von den in den Tempeln verborgenen Kenntnissen. Er äußerte sich offen über die Fähigkeit der Priester, ihr Bewusstsein vom Körper zu trennen und sich ins Jenseitsland zu begeben«, berichtet Baigent und fährt fort: *»Iamblichus sprach hierbei nicht von Möglichkeiten oder Fantasien, sondern er beschrieb eine reale, alltägliche Praxis der ägyptischen Priesterschaft. Er bestätigte, dass die Priester in der Lage waren, ins Jenseitsland zu reisen.« [2]*

Im Buch *Henoch* finden wir auch Hinweise auf die Initiation. Dort steht geschrieben, dass der Aufstieg Henochs in den

Himmel sich bei Lebzeiten vollzog. Die Initiation wird dort zwar nicht beim Namen genannt, das beschriebene Ereignis enthält jedoch alle Eigenschaften dieser.

Johannes der Täufer tauchte die Menschen im Zuge der Taufe mit dem Kopf vollständig in den Fluss Jordan. Ihm wird die Fähigkeit nachgesagt, dass er die Menschen dabei für einen kurzen Augenblick in das Jenseitsland schauen lassen konnte (nicht in Form eines Nahtoderlebnisses). Dieses Ritual wird sogar von den katholischen Herausgebern der *Jerusalem Bible* für eine Initiation gehalten.

Bestätigung für die enorme Bedeutung der Initiation finden wir auch in einigen Büchern. Im *Amduat,* dem *Buch über das, was in der Unterwelt ist,* finden wir mehrfach den Hinweis, dass es für die Toten gut sei, dieses Wissen zu besitzen, doch auch für die Lebenden ist es von großem Nutzen. Sowohl das *Amduat* wie auch das *Buch der Tore* waren nach Ansicht einiger aufgeschlossener Ägyptologen in erster Linie zum Gebrauch in der physischen Welt bestimmt, und nicht als Literatur für königliche Begräbniszeremonien gedacht.

Über Spiritualität

In diesem Kapitel wollen wir von der Materie vorläufig Abstand nehmen, um uns mit geistigen – also spirituellen – Dingen zu beschäftigen. Aus diesem Grund erscheint es an dieser Stelle notwendig, sich mit dem Begriff der Spiritualität – oder Esoterik – einmal näher auseinanderzusetzen.

Was bedeutet Spiritualität? Vielleicht es ist einfacher, sich dieser Frage von der anderen Seite zu nähern. Fragen wir uns also, was Spiritualität *nicht* ist. Denn, Spiritualität bedeutet sicher nicht, wochenlang wie ein Yogi unter einem Ölbaum zu sitzen. Spiritualität bedeutet nicht, die Materie zu verneinen. Spiritualität bedeutet nicht, hier in der grobstofflichen Welt zu leben und so zu tun, als ob man sich in der feinstofflichen Welt befinden würde. Spiritualität stellt also keine Weltflucht dar.

»Wer das tägliche Leben zum Ritual erhebt, kann nicht in die Gefahr kommen, dass Esoterik ihm zur Weltflucht dient. Esoterik soll nicht von dieser irdischen Welt wegführen, sondern sie will helfen, den irdischen Daseinsbereich zu durchlichten und zu erlösen. Einen gefährlichen Weg betreten jene, die alles, was dem Bereich des Unten, des Irdischen, des Materiellen angehört, verachten und als unrein, dunkel und schmutzig peinlichst vermeiden – um sich dem Oben, dem Himmlischen und Reinen zuzuwenden«, erklärt Dethlefsen. *»In diesem Falle wird Esoterik zur Flucht vor dem Bereich, den der Betreffende nicht mehr meistern kann. Leider übt die Esoterik gerade auf diejenigen eine große Faszination aus, die mit dem täglichen Leben und den Problemen dieser materiellen Welt nicht zurechtkommen – wodurch in den Kreisen, die sich mit Esoterik beschäftigen, das Verhältnis zwischen Eingeweihten und vor der Welt fliehenden Neurotikern ein recht ungleiches ist. « [3]*

Weltflucht – oder Flucht vor der Wirklichkeit – stellt tatsächlich eine große Gefahr für jene dar, die sich mit spirituellen Dingen beschäftigen, in der physischen Welt jedoch zu wenig verwurzelt sind. Ein möglicher Grund dafür könnte das fehlende Alter sein.

C. G. Jung äußerte diesbezüglich die Ansicht, dass ein Mensch, der sich vor der Mitte seines Lebens ausschließlich mit spirituellen Dingen beschäftige, gefährdet sei.

Dion Fortune beschrieb dies so: *»Der Mystiker muss die Bedingungen auf der Ebene der Formen erfüllen, bevor er sich* *aus dem Bereich des Gestalteten zurückziehen darf. Wenn er überstürzt den mystischen Pfad beschreitet, geht er ins Reich des Chaos ein, nicht ins Reich des Lichts. Wer von Natur aus zum mystischen Pfad tendiert, dem ist die Disziplin der Form zuwider, und es ist eine große Versuchung, den Kampf mit dem Leben auf der Ebene der Form aufzugeben und sich auf die höheren Ebenen zurückzuziehen, bevor man dazu reif ist.*

Die Form ist ein Gefäß, das das flüssige Bewusstsein umgibt, bis es so weit geformt ist, dass es nicht mehr zerlaufen kann. Wird das Gefäß zu früh zerbrochen, dann zerfällt das Bewusstsein ins Formlose, so wie der Lehm zu Brei zerläuft, wenn man die Gussform zu früh zerbricht. Treten bei einem Mystiker Zerfallserscheinungen auf, so wissen wir, dass die Gussform zu früh zerbrochen wurde, und dass er zur Disziplin der Form zurückkehren muss, bis er die Lektion der Form gelernt hat. « [4]

Der Vollständigkeit halber sei an dieser Stelle aber auch gesagt, dass C. G. Jung seiner Aussage noch hinzufügte, dass ein Mensch, der es nach der Mitte des Lebens verabsäume, sich mit spirituellen Dingen zu beschäftigen, verloren sei.

Spiritualität soll also nicht von der physischen Welt wegführen, sondern im Gegenteil, sie soll den Menschen helfen, das physische Leben im richtigen Licht zu sehen, sich der eigenen Stellung innerhalb des kosmischen Gefüges bewusst zu werden, um dadurch das Leben leichter zu meistern.

Spiritualität bedeutet, geistige Gesetze in unserer grobstofflichen Welt, also feinstoffliche Gesetze in der Grobstofflichkeit, anzuwenden.

Dabei bringt es überhaupt nichts, tonnenweise Bücher zu lesen, das Wissen dann jedoch im Leben nicht umzusetzen. Wer spirituelles Wissen besitzt, es aber nicht zur Anwendung bringt, ist nicht spirituell, sondern intellektuell belesen.

Auf dem Holzweg befinden sich also solche, die entweder den spirituellen Weg überhastet angehen, oder sich einen Profit aus spirituellem Wissen erhoffen.

Entwicklung braucht Zeit. Und spirituell unreife Personen verfügen auch nur über spirituell unreife Fähigkeiten, ziellose und unbeherrschte Kräfte. Ungeduld und Eile sind aber schlechte Weggefährten, wenn es darum geht, den inneren Weg zu beschreiten. Unser Körper hat alle Muster und Erfahrungen unseres Lebens in jeder Zelle abgespeichert, und wenn man zu schnell zu viel verändern will, wird der Körper sich gegen die neuen Informationen wehren oder erkranken.

Wer aus spirituellem Wissen Profit ziehen will, der sollte sich vor Augen halten, dass niemand, der im spirituellen Sinn reich ist, im weltlichen Sinn lange arm bleiben kann. Doch jemand, der im spirituellen Sinn reich ist, wird nie nach mehr materiellen Gütern verlangen, als er für sein Leben braucht.

Warum hat die Spiritualität in unserer Gesellschaft einen so zweifelhaften Ruf? Die Antworten liegen auf der Hand. Erstens, hat das Geistige in einer materiell ausgerichteten Welt sehr wenig Platz. Wer seinen Fokus auf die Materie ausrichtet, wendet dem Geistigen den Rücken zu.

Zweitens lernt der Normalbürger in unserem Schulsystem nichts Wesentliches über geistige Dinge. Die Vernunft und die Materie bestimmen den Schulalltag. So werden junge Menschen in das Leben entlassen, die so gut wie keine Ahnung davon haben, dass es außer der Materie noch etwas anderes Erstrebenswertes gibt. Das Habenwollen verdrängt das Sein.

Massenmedien tragen das Ihre dazu bei. Selbst unwissend, stellen sie spirituell denkende Menschen in das Eck des Okkultismus, und suggerieren dem Durchschnittsbürger, dass Esoteriker nichts sind als eine zu meidende Randgruppe der Gesellschaft – weltfremd, unwissenschaftlich denkend und meist psychisch labil.

Die Auswirkungen auf das Denken des »aufgeklärten« Normalbürgers sind offensichtlich. Niemand möchte sich mit einer Randgruppe solidarisieren, wenn er dadurch Gefahr läuft, in der Gesellschaft isoliert zu werden und damit unter Umständen von den Annehmlichkeiten des etablierten Systems ausgeschlossen wird.

Doch hier wird der Normalbürger in die Irre geführt. Das Komische an der Sache ist nämlich, dass sich der Normalbürger, weil falsch informiert, vom Geistigen abwendet – während aber gleichzeitig die Mitglieder gehobener Gesellschaftsschichten der Spiritualität eine immens hohe Bedeutung beimessen.

Denn gerade diejenigen, welche in der Öffentlichkeit über die Esoteriker lästern und die Spiritualität lächerlich zu machen versuchen, geben im Stillen den geheimen Lehren in ihrem Leben einen besonderen Stellenwert. Die, die öffentlich am lautesten schimpfen, sind die, die die im Geheimen die fanatischsten Anhänger von esoterischen Lehren, Zeremonien und Ritualen sind. Wer Mitglied des Establishments ist, wird von Kind auf in geheimes Wissen eingeweiht.

Warum treiben diese Leute ein doppeltes Spiel? Weil Geheimlehren, in ihren Augen eben geheim bleiben sollen – und damit nicht für »jedermann« zugänglich sein dürfen. Dem Normalbürger soll dieses Wissen vorenthalten bleiben.

Doch wir leben in einer Zeit, in der wir uns mit großen politischen, gesellschaftlichen und spirituellen Umbrüchen konfrontiert sehen. Die Menschheit wird sich in vielerlei Hinsicht neu orientieren müssen. Und so ist es an der Zeit, dass sich die Menschen über ihre Stellung im Universum bewusst werden und die Spielregeln des Lebens verstehen. Daher ist der Augenblick gekommen, dem interessierten Menschen das Wissen der Eingeweihten zugänglich zu machen.

Der dreifach größte Hermes

Über Hermes Trismegistos ranken sich viele Mythen und Legenden. Während einige Wissenschaftler meinen, es hätte ihn physisch nie gegeben und seine Person wäre einfach Erfindung, sind die meisten Menschen, die sich mit dieser Thematik befassen, der Meinung, dass Hermes Trismegistos eine tatsächliche historische Persönlichkeit war. Der Beiname »Der dreifach Größte« stammt vermutlich daher, dass Hermes als größter König, größter Priester und größter Philosoph angesehen wurde. Was die Zuordnung seiner Person so schwierig gestaltet, ist die Tatsache, dass er unter so vielen verschiedenen Namen bekannt war. Einig ist man sich weitestgehend nur in der Datierung seines Wirkens – dass das Entstehen seiner Werke in die Zeit des *Moses* fallen müsste.

Hermes Trismegistos wird als Begründer aller Weisheitslehren gefeiert, als Meister aller Meister verehrt, als Entdecker der Alchemie und Begründer der Astrologie angesehen. Arabische Schriften bezeichnen ihn als Bewahrer und Beschützer von universellem Wissen. Auch in unserer westlichen Welt wird Hermes Trismegistos als erster und größter aller Weisheitslehrer angesehen.

Hermes Trismegistos war in die »Geheimnisse der Nacht« eingeweiht und verfügte über die Technik, zu Lebzeiten in das Jenseitsland zu reisen. Diese Fähigkeit, mit der geistigen Welt zu kommunizieren und sich in der geistigen Welt zu bewegen, versetzte ihn in die Lage, das Wissen über universelle Gesetzmäßigkeiten in die physische Welt zu bringen.

Dieses Wissen war aber nicht für jedermann zugänglich und es wurde viel später als die »hermetischen Lehren« bekannt. Diese wurden nur von Eingeweihten an Geläuterte weitergegeben. Als Eingeweihte sah man früher Menschen an, deren Bewusstsein höher entwickelt war und deshalb in die hermetischen Lehren unterwiesen werden durften.

Den Eingeweihten wurde bei der Initiation der Weg in das Jenseitsland gewiesen und das Jenseitsland war danach für die betreffende Person jederzeit erreichbar. Für einen Eingeweihten war die geistige Welt stets allgegenwärtig.

Wurde man in das hermetische Wissen eingeweiht, hatte man darüber eisern zu schweigen. Aus dieser Tatsache ist noch heute der Begriff »hermetisch verschlossen« bekannt.

Zu Zeiten der religiösen Intoleranz – sprich der Inquisition – reichte es, als Hermetiker angeklagt zu werden, um sein Ende am Scheiterhaufen zu finden. Also war jedermann, der in den Lehren unterwiesen worden war, schon aus Selbstschutz bestrebt, nicht als Eingeweihter erkannt zu werden.

Die Weisheitstexte

Obwohl die hermetischen Lehren nur mündlich weitergegeben wurden, finden sich im Laufe der Zeit auch schriftliche Aufzeichnungen davon. Vermutlich trafen die Ägypter zu Zeiten der griechischen und römischen Herrschaft Maßnahmen, damit die Lehren nicht in Vergessenheit geraten würden. So entstand eine Sammlung von Weisheitstexten, welche dem Hermes zugeschrieben werden. Diese Texte stellen ein Konglomerat von Wissen aus dem ägyptischen Totenbuch, den Pyramidentexten und verschiedenen Sargtexten dar. Aus der doch beachtlichen Anzahl von Schriften heißt die bekannteste *Der göttliche Pymander*.

Viele der Schriften verloren sich im Laufe der Zeit. In der Renaissance wurden einige davon wiederentdeckt. Cosimo de Medici kam im Jahre 1462 in den Besitz einiger Texte, die wir heute als *Corpus Hermeticum* kennen. Als er die Bedeutung der Texte erkannte, beauftragte er seinen Übersetzer Marsilio Ficino alle anderen Übersetzungsarbeiten zu unterbrechen, um das *Corpus Hermeticum* ins Lateinische zu übersetzen.

Hermes Trismegistos traf aber noch eine andere Vorkehrung, um sein Wissen der Nachwelt zu erhalten. Er schrieb die Kernaussagen der Weisheiten auf eine Tafel, welche aus grünem orientalischen Korund bestand. Er fasste die Weisheiten in fünfzehn Thesen, welche durch die Verwendung von Analogien nur den Eingeweihten verständlich waren.

Diese Tafel ist heute bekannt unter dem Namen *Tabula smaragdina* und ist seit langer Zeit verschollen. Es ist anzunehmen, dass ein reicher Sammler die Tafel in seinen Besitz genommen hat und der Öffentlichkeit vorenthält. Doch obwohl die Tafel seit langer Zeit nicht mehr gesehen wurde, ist ihr Text sehr wohl bekannt.

Im Folgenden sei der Text im Original wiedergegeben:

Die Tabula smaragdina des Hermes Trismegistos

1. Wahr ist es ohne Lügen, gewiss und aufs Allerwahrhaftigste.

2. Dasjenige, welches unten ist, ist gleich demjenigen, welches oben ist: Und dasjenige, welches oben ist, ist gleich demjenigen, welches unten ist, um zu vollbringen die Wunderwerke eines einzigen Dinges.

3. Und gleich wie von dem einigen Gott erschaffen sind alle Dinge, in der Ausdenkung eines einigen Dinges. Also sind von diesem einigen Dinge geboren alle Dinge, in der Nachahmung.

4. Dieses Dinges Vater ist die Sonne, dieses Dinges Mutter ist der Mond.

5. Der Wind hat es in seinem Bauche getragen.

6. Dieses Dinges Säugamme ist die Erde.

7. Allhier bei diesem einigen Dinge ist der Vater aller Vollkommenheit der ganzen Welt.

8. Desselben Dinges Kraft ist ganz beisammen, wenn es in Erde verkehret worden.

9. Die Erde musst du scheiden vom Feuer, das Subtile vom Dicken, lieblicherweise, mit einem großen Verstand.

10. Es steiget von der Erde gen Himmel, und wiederum herunter zur Erde, und empfänget die Kraft der oberen und der unteren Dinge.

11. Also wirst du haben die Herrlichkeit der ganzen Welt. Derohalben wird von dir weichen aller Unverstand. Dieses einige Ding ist von aller Stärke die stärkste Stärke, weil es alle Subtilitäten überwinden und alle Festigkeiten durchdringen wird.

12. Auf diese Weise ist die Welt erschaffen.

13. Daher werden wunderliche Nachahmungen sein, die Art und Weise derselben ist hierin beschrieben.

14. Und also bin ich genannt Hermes Trismegistos, der ich besitze die drei Teile der Weisheit der ganzen Welt.

15. Was ich gesagt habe von dem Werk der Sonnen, daran fehlet nichts, es ist ganz vollkommen.

***

Die Bedeutung der Texte ist unermesslich groß. Das Wissen über diese Gesetzmäßigkeiten hat die Menschen von jeher in ihren Bann gezogen. So wird es in Geheimgesellschaften gehütet und ihren Mitgliedern nur Stück für Stück beigebracht.

Doch diese Gesellschaften verfügen selbst nur über einen Teil dieser geistigen Gesetzmäßigkeiten. Die wahre Bedeutung der Texte ist ihnen unbekannt, denn ihre Mitglieder kennen die ursprünglichen Inhalte der Rituale der Initiation nicht mehr, und so haben sie auch keinen Zugang zur geistigen Welt, durch welchen sie den Wahrheitsgehalt ihrer Lehren überprüfen könnten. Daher ist ihr Wissen nur Wissen aus dritter Hand, welches aus Mangel an Kontrollmöglichkeit vor Manipulation nicht gefeit ist.

Und vor etwas sei an dieser Stelle explizit gewarnt: Wer die geistigen Gesetzmäßigkeiten nicht *für sich,* sondern *gegen andere* Menschen einsetzt, darf sich nicht wundern, wenn er sich schlussendlich auf der dunklen Seite, in einer Position wiederfindet, welche ihm nicht zum Vorteil gereicht.

Wir wollen uns hier mit den positiven Möglichkeiten der geistigen Gesetze befassen. Viele der brillantesten Köpfe der Welt waren in die hermetischen Lehren eingeweiht – ob Bach, Beethoven, von Braun, Dante, Dostojewski, Edison, Ford, Goethe, Heine, Hesse, Karl der Große, Leibniz, Leonardo da Vinci, Lessing, Michelangelo, Morgenstern, Mozart, Napoleon, Platon, Pythagoras, Schiller, Schopenhauer, Shaw, Sokrates, Tolstoi, Voltaire, oder Wilde. Die Aufzählung ließe sich noch lange fortsetzen.

Sie alle hegten Überzeugungen, die in der heutigen »aufgeklärten« Gesellschaft in Verruf geraten sind. Viele von ihnen hatten Zugang zur geistigen Welt und ihre unglaublichen Meisterleistungen waren von dort inspiriert.

Die hermetischen Lehren sind jedoch nicht nur für eine kleine Gruppe von besonderen Menschen interessant, sondern für jeden Wahrheitssuchenden; für jeden Menschen, der sich über seine wahre Identität bewusst werden will – kurz: für jeden, der nach den Gesetzen des Lebens sucht.

Dabei wird man sich schnell in die Ordnung des Universums eingebunden finden und erkennen, dass man sein Schicksal selbst in der Hand hat, wenn man bereit ist, die Verantwortung dafür zu übernehmen. Die Angst vor Unbekanntem wird dem Wissen über den Sinn der eigenen Existenz weichen, die Orientierungslosigkeit der modernen Zeit wird durch das Wissen über das Ziel ersetzt. Wer schlussendlich die Gesetzmäßigkeiten kennt und richtig *für sich* anwendet, ist ihrer vermeintlichen Willkür nicht mehr ausgeliefert.

Die universellen Gesetze

Kommen wir nun zu den Lehren im Einzelnen. Die hermetischen Lehrsätze sind auch unter dem Begriff der »universellen Gesetze« bekannt. Da die Zahl »12« die Zahl der Vollendung darstellt, erscheint es logisch, dass auch 12 universelle Gesetze existieren. Diese Gesetze lassen sich aus den überlieferten hermetischen Schriften, sowie von der *Tabula smaragdina* herleiten.

Man kennt sieben hermetische Prinzipien der Smaragdtafel, welche sich auf alle Ebenen dieses Universums beziehen, sowie fünf hermetische Weisheiten aus der Textsammlung des Hermes, die für alle Lebewesen Anwendung finden. Zusammen ergeben sie »Die 12 universellen Gesetze« die da lauten:

1. Das Prinzip der Geistigkeit
2. Das Prinzip der Entsprechung
3. Das Gesetz der Polarität
4. Das Gesetz der Schwingung
5. Das Gesetz des Rhythmus
6. Das Prinzip von Ursache und Wirkung
7. Das Prinzip des Geschlechts

8. Das Gesetz der Wiederverkörperung
9. Das Gesetz des freien Willens
10. Das Gesetz der Fülle
11. Das Gesetz des Flusses
12. Das Gesetz der Affinität

Dieses Wissen ist mindestens 13,7 Milliarden Jahre alt. Es existiert mindestens seit dem Zeitpunkt der Entstehung unseres Universums – sprich, dem Urknall. Diese universellen Gesetze sind die Grundlage der Existenz unseres Universums.

Wer der Meinung ist, die universellen Gesetze hätten keine Bedeutung in der heutigen »aufgeklärten« Zeit, der liegt völlig falsch. Solange unser Universum existiert, haben die universellen Gesetze ihren Bestand und ihre Wirkung.

Diese Gesetze müssen anders verstanden werden als die Gesetze unserer Gesellschaft, denn sie beschneiden die persönliche Freiheit nicht und sollten als Hilfen verstanden werden, das Ziel zu erreichen.

Niemand wacht darüber, ob Sie die Gesetze einhalten oder nicht, es gibt kein strafendes Kontrollorgan. Es steht jedem frei, gegen die universellen Gesetze zu verstoßen. Man kann sich ihnen verschließen, sie negieren – doch davor zu fliehen oder sich den Konsequenzen eigener Handlungen zu entziehen, ist unmöglich. Alles unterliegt diesen kosmischen Gesetzen.

Die 12 universellen Gesetze müssen als ein zusammenhängendes Ganzes angesehen werden. Sie wirken ineinander. Daher ist es nicht möglich, nur mit einem Prinzip arbeiten zu wollen. Aus der Verwobenheit der Gesetze ist es auch sehr schwer, diese Gesetze einzeln zu betrachten. Daher werden wir das eine oder andere Mal gezwungen sein, thematisch vorzugreifen.

Das Prinzip der Geistigkeit

Mit seiner Relativitätstheorie (E = mc2) bewies Albert Einstein im Jahre 1905, dass Energie und Materie das Gleiche sind. Die Quantenphysiker unserer Zeit wissen schon seit langem, dass Materie nichts anderes ist als verdichtete Energie. Mit der Erkenntnis über den Aufbau der Atome zeigten sie, dass 99,999999 % der so genannten Materie aus leerem Raum besteht.

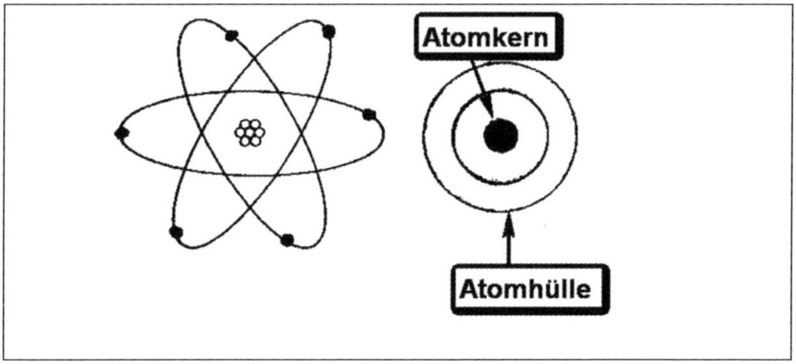

Abb. 1

So wissen wir, dass wir die Illusion der Materie nur deshalb nicht erkennen können, weil unsere Augen im Erfassen des Geschehens zu langsam sind. Wie kommt das? Bei jedem Atom rasen die Elektronen in unglaublicher Geschwindigkeit um den Atomkern. Dazwischen ist »Nichts«.

Nicht Luft, sondern Nichts – ein Vakuum. Nur durch die enorme Geschwindigkeit der Elektronen und der Trägheit unserer Augen erscheinen uns die Atome, als hätten sie eine feste Hülle. Doch in Wirklichkeit sind die Atome nicht fest, sondern flüchtig.

Da nun die »Materie« in ihrer Gesamtheit aus Atomen besteht und diese Atome einen flüchtigen Charakter besitzen, kann die Materie an sich nicht fest sein. Jeder ernstzunehmende Quantenphysiker bestätigt die Tatsache, dass es im Grunde keine Materie gibt. Wäre es uns Menschen möglich, die Materie in ihrer wahren Beschaffenheit wahrzunehmen, würden wir anstatt eines festen Gegenstandes nur ein schemenhaftes Gebilde erkennen.

Quantenphysiker wissen aber viel mehr. Anhand der *Heisenberg'schen Unschärferelation* können sie nachweisen, dass wir die »Materie« nicht beobachten können, ohne sie zu beeinflussen. Das wird uns beim *Gesetz der Anziehung* noch genauer interessieren.

Der Wissenschaftler Graham Bell hat bewiesen, dass jedes einzelne Atom mit allen anderen Atomen im Universum in Verbindung und Wechselwirkung steht.

Prentice Mulford behauptete, dass der Körper nur der physische Ausdruck des Geistes ist, der ihn erschuf. Denken wir an Placebos, die Macht des Geistes, beim Feuerlauf die Naturgesetze aufzuheben, und all die anderen, für die Wissenschaft unerklärlichen Phänomene, wie die der Präkognition und Telepathie. All diese Dinge kann man mit den Erkenntnissen der Quantenphysik über den Aufbau der Materie erklären.

In diesem Kapitel wollen wir uns dem Thema aus spiritueller Sicht nähern.

Interessanterweise glaubt angesichts der unglaublichen Komplexität der physischen Erscheinungen der überwiegende Teil der Quantenphysiker an die Existenz eines Schöpfers. Wie zum Beispiel Albert Einstein, oder Prof. Max Planck, welcher seine Gedanken diesbezüglich mit folgenden Worten zum Ausdruck brachte:

»Als Physiker, der sein ganzes Leben der nüchternsten Wissenschaft, nämlich der Erforschung der Materie dient, bin ich sicher frei, für einen Schwarmgeist gehalten zu werden. Und so sage ich Ihnen nach meiner Erforschung des Atoms dieses: Es gibt keine Materie an sich!

Alle Materie entsteht und besteht nur durch eine Kraft, welche die Atomteilchen in Schwingung bringt und sie zum winzigsten Sonnensystem des Atoms zusammenhält. Da es aber im ganzen Weltall weder eine intelligente, noch eine ewige Kraft gibt, so müssen wir hinter dieser ›Kraft‹ einen bewussten, intelligenten Geist annehmen. Dieser Geist ist der Urgrund aller Materie! Nicht die sichtbare, vergängliche Materie ist das Reale, Wahre, Wirkliche, sondern der unsichtbare, unsterbliche Geist! Da es aber Geist an sich alleine ebenfalls nicht geben kann, sondern jeder Geist einem Wesen angehört, müssen wir zwingend Geistwesen annehmen. Da aber Geistwesen nicht aus sich selber sein können, sondern geschaffen worden sein müssen, so scheue ich mich nicht, diesen geheimnisvollen Schöpfer ebenso zu benennen, wie ihn alle Kulturvölker der Erde früherer Jahrtausende genannt haben: Gott.« [5]

»Wenn Sie den Körper mit den Augen eines Physikers anschauen, dann sehen Sie nichts anderes als eine riesige Leere,

in der es ein paar verstreute Fleckchen und Pünktchen gibt und dazu einige zufällige elektrische Entladungen. Denn so ist eben der menschliche Körper: 99,999999 Prozent davon wie auch das übrige Universum bestehen vor allem aus leerem Raum. Und das 0,000001 Prozent, das uns als Materie erscheint, besteht ebenfalls aus leerem Raum! Also ist ALLES leerer Raum. Die Frage ist nur, was ist die wahre Natur dieses leeren Raumes? Ist es ein Leersein von Nichts oder könnte es etwa eine Fülle nicht-materieller Intelligenz sein? Unser innerer Raum, der mit erstaunlicher Kreativität alles Mögliche hervorbringt: Richtig und Falsch, Gut und Böse, Wonne und Schmerz, alles was wir als gegeben hinnehmen und was das Leben lebenswert macht, was ist dieser innere Raum eigentlich? Vielleicht ist er nicht ein Leersein von Nichts, sondern in der Tat der Schoß der Schöpfung selbst«, bestätigt der Internist Dr. Deepak Chopra und fährt fort: *»Die Rishis in Indien untersuchten den menschlichen Körper und nannten ihn Chit-akash. Akash heißt Raum, chit heißt Bewusstsein, Gewahrsein; also voller nichtmaterieller Intelligenz. Die Rishis waren der Meinung, das Bewusstsein sei das Primäre und die Materie sekundär. Das Bewusstsein erzeugt, steuert, konstruiert und wird Materie einschließlich der Materie, aus der unsere Körper bestehen« [6]*

Wie wir wissen, glaubten auch die Ägypter daran, dass alles Materielle seinen Ursprung in der geistigen Welt habe. Doch nicht nur bei den Ägyptern, nein generell hielt man im Altertum das, was man mit dem *geistigen Auge* wahrnahm, für die Wirklichkeit. Nicht die vergängliche Materie, der Geist war der Maßstab des Seins. Platon bezeichnete den Geist als die einzig wahrhafte Wesenheit.

»Alles innerhalb unserer so genannten Schöpfung ist Energie, die auf unterschiedlichen Frequenzen schwingt. Je langsa-

mer sie schwingt, desto dichter scheint sie zu sein (wie eine Wand); je schneller sie schwingt, desto mehr scheint sie an Dichte und ›Festigkeit‹ zu verlieren, bis sie so schnell vibriert, dass sie den Frequenzbereich verlässt, den unsere fünf Sinne wahrnehmen können. Was wir Materie nennen, ist langsam schwingende Energie«, bestätigt David Icke und führt weiter aus: *»Andere Dimensionen oder Realitäten, die einige als ›Geisterwelten‹ bezeichnen, sind einfach nur Welten, die so schnell schwingen, dass wir sie nicht mehr sehen können. « [7]*

Wenn man nun versteht, dass alles, aber auch wirklich alles aus Energie besteht, kann man auch den Satz aus dem Kybalion nachvollziehen, der lautet: *»Das All ist Geist; das Universum ist geistig.«*

Genau dies brachte auch Friedrich von Schiller zum Ausdruck, als er meinte: *»Das Universum ist ein Gedanke Gottes.«*

Der britische Astronom Sir James Jeans erkannte haargenau das Gleiche, als er sagte: »Der Strom der menschlichen Erkenntnis bewegt sich unaufhaltsam auf eine nichtmechanische Wirklichkeit zu: Das Universum gleicht immer mehr einem großen Gedanken, als einer großen Maschine. Der Geist erscheint nicht mehr als zufälliger Eindringling in das Reich der Materie. Allmählich keimt in uns die Einsicht, dass wir ihn viel eher als Schöpfer und Herrn dieses Reiches anerkennen sollten.« [8]

Der Urknall

Wie wir wissen, begann die Existenz unseres Universums mit dem Akt des Urknalls. Im Jahre 1927 entwickelte der katholische Mönch *Georges Lemaitre* diese Theorie. Die Wissenschaft hielt zu diesem Zeitpunkt die Theorie Lemaitres für absoluten Unsinn, denn in der Bibel stand, dass Gott die Schöpfung aus der Leere – dem Nichts – erschaffen hat. Dies widerspricht jedoch allen Grundsätzen der Physik, denn die ist der Meinung, dass Materie nicht aus »Nichts« entstehen kann. Also bezeichnete die Wissenschaft die Urknalltheorie als absurd.

Groß war der Schock in wissenschaftlichen Kreisen jedoch, als zwei Jahre später der Astronom *Edwin Hubble* die Theorie Lemaitres bestätigte und den wissenschaftlichen Beweis für die Richtigkeit der Urknalltheorie lieferte. Denn im gleichen Atemzug, wie Hubble die Richtigkeit der Urknalltheorie bestätigte, belegte er, dass die Schöpfung unseres Universums von einer zentralen Intelligenz wissenschaftlich möglich ist.

Dermaßen in die Enge gedrängt, begann die Wissenschaft den Vorgang des Urknalles in seine Einzelteile zu zerlegen und den Menschen die Urknalltheorie als ihre eigene zu verkaufen. Dummerweise werden die Berechnungen der Wissenschaft umso ungenauer, je mehr sie sich dem Moment des Urknalls nähern. Je weiter sich die Wissenschaft rechnerisch der Stunde null annähert, umso sinnloser werden ihre mathematischen Gleichungen.

So ist es selbst der modernen Wissenschaft unserer Tage nicht möglich, den Augenblick des Urknalls theoretisch festzulegen, denn sie hat ein Problem mit der Tatsache, dass im Moment des Urknalls das gesamte Universum in einem einzigen Raumpunkt mit der Masse null versammelt war. Dieser Zustand nennt sich die *Singularität*. Die gesamte Materie unseres Universums entstand explosionsartig aus einem winzigen Raumpunkt mit der Masse null – wissenschaftlich, rechnerisch unmöglich.

So steht die Wissenschaft vor einem Rätsel und auch die Schöpfungsgeschichte der Kirche weist einen gravierenden Fehler auf: Gott ist nämlich kein personifiziertes Wesen, welches aus dem »Nichts« unser Universum schuf. Vielmehr ist unser Schöpfergott ein Wesen aus reiner Energie und reinem Bewusstsein. Nur so ist es nachvollziehbar, dass im Augenblick des Urknalls, sich in einem einzigen Augenblick, reine Energie in Materie verwandelte – sprich:

Aus hoch-schwingender Energie wurde niedrig-schwingende Energie. Diese niedrig schwingende Energie stellt unsere so genannte Materie dar. Es ist offensichtlich, dass der Schöpfer das Universum mit der Kraft seiner Gedanken geschaffen hat. Armin Risi hat für diesen Vorgang die treffenden Worte gefunden*: »Am Anfang der Schöpfung war kein Ur-knall von Materie, sondern ein Ur-sprung von Bewusstsein.« [9]*

Spirituelle Menschen beschreiben diesen Akt mit den Worten: »Universen werden geboren und sterben mit dem Ausatmen und Einatmen ihres Schöpfers.« Indische Sanskritschriften beschreiben das Entstehen und Erlöschen der Universen ebenso als das Ausatmen und Einatmen Gottes.

»Jeder Schöpfungsbericht weist in seiner Kernaussage auf dieselbe grundlegende Wahrheit hin: dass das ›Niedrigere‹ immer aus etwas Höherem hervorgeht (im Gegensatz zur materialistischen Evolutionstheorie, die behauptet, die höheren, komplexen Lebensformen seien aus den einfachen, primitiven Lebensformen hervorgegangen und diese aus der Materie). Dass das Übergeordnete das Untergeordnete hervorbringt und lenkt, sehen wir überall in der Welt. Und was hier im Mikrokosmos vor unser aller Augen geschieht, geschieht auch im Makrokosmos, der ein multidimensionaler Kosmos ist«, beschreibt Armin Risi. *»Die vedische Genesis zeigt, dass alles im*

Kosmos ursprünglich von der höchsten feinstofflichen Dimension, von der ›Welt Brahmas‹, ausgeht (...).« [10]

Der Geist herrscht über die Materie

Wenn das All aber nun geistig ist, folgt daraus zwingend, dass der Geist die höchste Macht darin darstellt. Nachdem der Geist die Materie schafft, steht er über der Materie und kann diese deshalb auch beeinflussen. Vor diesem Hintergrund werden alle Phänomene, welche unsere so genannte moderne Gesellschaft als »paranormal« ansieht, verständlich. Wenn der Geist über der Materie steht, ergeben sich plötzlich andere Möglichkeiten der Erklärung – und Phänomene wie Präkognition, Telepathie, Telekinese und die Existenz von feinstofflichen Wesen, wie Engel, Feen, Elfen, Gnome usw. erscheinen plötzlich in einem ganz anderen Licht und werden geistig nachvollziehbar.

Es ist schon interessant, dass alles, was wir unter Materie verstehen nur deshalb existiert, weil es feinstoffliche Wesen gibt, die dies so wünschen. Hinter jeder physischen Manifestation steht ein schöpferisches Bewusstsein.

Zugegeben, es ist etwas erschreckend, wenn man zum ersten Mal erkennt, dass alles, woran wir uns physisch festhalten, im Grunde nur eine Illusion ist. Für viele Menschen ist diese Erkenntnis dermaßen schockierend, dass sie auf eine verständliche Art und Weise reagieren: sie negieren das Unwiderlegbare. Es braucht eben seine Zeit, bis man akzeptieren kann, dass Materie nichts anderes ist als eine Illusion, der man zeitlebens aufgesessen ist.

Materie ist für uns Menschen zwar eine Illusion, aber auch Realität. Nachdem unser physischer Körper ebenfalls aus Materie besteht, ist diese für uns wichtig, auch wenn wir den illusionären Charakter des Aufbaus der Atome und Moleküle erkennen.

Solange wir uns als physische Wesen auf diesem Planeten tummeln, müssen wir ihre Existenz zwar anerkennen, müssen aber ihrer Illusion nicht erliegen. Wir sollten daher unser Wissen in Bezug auf die Materie neu überdenken. Wenn der Geist über der Materie steht, sollten wir unseren Geist nutzen, die Materie zu unseren Gunsten zu beeinflussen, und sie Kraft unserer Gedanken kontrollieren. Auf dieses Thema werden wir beim Gesetz der Anziehung genauer eingehen.

Frühkindliche kognitive Programmierungen

Wenn die Materie nur eine Illusion ist, warum erleben wir sie so real? Der erste Grund ist der, dass wir die Materie sehen und auch spüren können. Daher erscheint uns die Materie aus unserer Perspektive als greifbare Realität.

Der zweite Grund nennt sich »frühkindliche kognitive Programmierung«. Dieser Ausdruck bezeichnet nichts anderes als eine Prägung unserer Sinneserfahrungen in einem frühen psychologischen Stadium unserer Entwicklung – oder einfach ausgedrückt: Wir werden als Kinder darauf konditioniert, diese »Realität« anzuerkennen und darin zu leben.

Der hellsichtige Argentinier Flavio Cabobianco beschrieb dies als Achtjähriger (!) so: *»Kleine Kinder weinen, weil es sehr schwierig ist, auf diesem Planeten zu sein. Ein Baby versucht, sich telepathisch verständlich zu machen, aber das klappt meist nicht, weil hier alles so dicht ist (...) Das Neugeborene hat Angst, es ist eingesperrt in die Wirklichkeit des Körpers. Es vermisst die essentielle Einheit, die dort ist, wo es herkommt,* *und daher schließt es sich schnell an die Personen an, die es umsorgen. Es überträgt die Rolle des höchsten Wesens auf die Eltern. Wenn die Eltern nur an das Materielle glauben, ziehen sie das Kind immer mehr in die physische Existenz. Während sie ihm das Sprechen beibringen, schränken sie seine Gedanken ein. Wenn die Kinder größer werden, verlieren sie nach und nach die Verbindung zu ihrem Ursprung. « [11]*

Zum Vorgang des Programmierens meint er: *»Den Kindern erlaubt man lediglich, den Standpunkt des täglichen Lebens einzuüben. Dadurch schränken sie den Gebrauch ihrer Mentalwellen ein und lernen es, sich im Physischen zu verankern. Das ist so, als nützte man die Möglichkeiten eines Computers nur zu einem Bruchteil aus. Wenn Kinder erst einmal programmiert sind, haben sie große Schwierigkeiten, sich wieder zu öffnen; zumindest gibt es Probleme. Man muss viel Geduld aufbringen, wenn man die geistige Verbindung wieder öffnen möchte. Die meisten Menschen bringen ihr ganzes Leben zu, ohne sich auf das Ganze zu besinnen. Verbindung zum Höheren haben sie nur als Kinder, und manchmal erlangen sie sie wieder vor dem Sterben. Sie suchen das äußere Glück, weil die das innere verloren haben. Sie leiden unter ihren vielen Wünschen (...)« [12]*

Beispiele für frühkindliche kognitive Programmierungen finden wir in unserer Umwelt zuhauf. Ich möchte Ihnen im Folgenden nur ein Bespiel dafür geben: In Indien kettet man junge Elefanten mit schweren Eisenketten an mächtige Bäume. So sehr die kleinen Elefanten sich auch anstrengen, es ist ihnen nicht möglich sich aus ihren Fesseln zu befreien. Mit der Zeit werden die schweren Fesseln gegen leichtere ausgetauscht, bis man schließlich die Elefanten nur noch mit Stricken anbindet. Selbst ausgewachsenen, riesigen Elefanten ist es nicht möglich, sich aus den leichten Fesseln zu befreien – nicht aus Mangel an

Kraft, sondern weil sie darauf programmiert sind, dass sie nicht in der Lage sind, ihre Fesseln zu zerreißen.

Solche Programmierungen sind so stark, dass sie in der Lage sind, die Anatomie unseres Nervensystems zu formen. Und unser Nervensystem hat, unter anderem, eine wichtige Aufgabe: die ständige Wiederholung und Bekräftigung dessen, was wir als Glaubensinhalte angenommen haben. Dies ist der Grund dafür, dass wir nur das sehen, was wir glauben …

Aufgrund unserer Programmierungen tun wir uns schwer dabei, uns vorzustellen, dass im gleichen Raum viele andere Dimensionen existieren, in denen andere Realitäten gelten.

Unsere Programmierung steuert unsere Wahrnehmung. Sir John Eckles, Neurophysiologe und Nobelpreisträger, beschreibt dies so: *»In Wirklichkeit gibt es keine Farben, keine Stoffe, keine Gerüche, weder Schönheit noch Hässlichkeit. Da draußen gibt es nur pure Energiesuppe. Es ist eine im Grund genommen formlose, undefinierbare, fließende Quantensuppe, aus der wir im Akt der Wahrnehmung in unserem Bewusstsein die stoffliche Welt konstruieren. Diese stoffliche Welt da draußen ist ein Feld unendlicher Möglichkeiten, das wir im Prozess der Wahrnehmung zu unsrer vertrauten stofflichen Realität machen, sozusagen kristallisieren. Wir sind wie der sagenhafte König Midas, der die wahre Beschaffenheit der Dinge nicht erfahren konnte, da alles, was er berührte, zu Gold wurde. So erfuhr er nie, wie sich eine Rose, eine Liebkosung oder ein Kuss anfühlt.*

In Wahrheit gibt es also nur diese formlose, fließende Quantensuppe, die wir im Akt des Wahrnehmens zu unserer gewohnten Realität erstarren lassen. In unserem gewöhnlichen Bewusstseinszustand können wir die wahre Beschaffenheit der Wirklichkeit nie erfahren, denn wir versuchen, das Ganze an-

hand einzelner, bruchstückhafter Sinneswahrnehmungen zu verstehen. Da wir außer diesen bruchstückhaften Sinneserfahrungen nichts haben, werden wir das Ganze nie verstehen. Wir einigen uns mehr oder weniger über unsere subjektiven Erfahrungen und nennen das dann objektive Wissenschaft. Es ist zwar nichts Objektives daran, aber wir denken es uns so! Wir nehmen an, dass der menschliche Körper aus Molekülen besteht, aus Materieteilchen, die aus irgendeinem unerfindlichen Grund herumschwirren, und dass diese dann ein Folge-Phänomen erzeugen, das wir Bewusstsein nennen. « [13]

Alles ist mit allem verbunden

Aus dem Gesetz der Geistigkeit lässt sich noch ein Umstand erkennen und erklären. Wie wir bereits wissen hat Bell nachgewiesen, dass jedes Atom im Universum mit jedem anderen in Verbindung und Wechselwirkung steht. Wie kann das sein? Da das Universum aus einer Singularität entstanden ist, sind alle Formen der Energie und Materie, die daraus hervorgegangen sind, für die Dauer der Existenz des Universums aneinander gekoppelt. Alle diese so genannten Differenzierungen stehen in Wechselwirkung zueinander.

Die dritte der sieben Wahrheiten des Zarathustra lautet: »Alles im Weltall ist durch Gottes Odem beseelt. Daher sind alle Wesen in ihrem Ursprung eins und miteinander verbunden.«

Der amerikanische Dichter Walt Whitman drückte dies etwas anders aus, als er sagte: *»Jedes zu Ihnen gehörende Atom gehört auch zu mir. Das ist ganz wörtlich gemeint stimmt Dr. Deepak Chopra zu und führt ergänzend aus: „Untersuchungen des menschlichen Körpers mittels radioaktiver Isotopen und gestützt auf mathematische Berechnungen haben zweifelsfrei er-*

geben, dass jetzt, gerade jetzt, in Ihrem physischen Körper eine Million Atome zu finden sind, die einst im Körper von Christus waren oder in dem von Buddha, Leonardo da Vinci, Michelangelo oder Saddam Hussein!"

Nehmen Sie irgendeinen, der je auf diesem Planeten gelebt hat; in Ihrem physischen Körper kommt Rohmaterial vor, das in jenem physischen Körper war. Betrachten wir nur die drei letzten Wochen: 10 hoch 15 (eine Quadrillion) Atome gingen in dieser Zeit durch Ihren Körper, Atome, die früher einmal durch den Körper jeder lebenden Gattung auf diesem Planeten gingen. « [14]

Aus der Art der Entstehung des Universums und der Singularität ist aber auch der Zustand der Dualität unmöglich. Diese Dualität beschreibt das angebliche Getrenntsein von Gott.

Doch, wenn alles mit allem im Universum verbunden ist, wie könnte es sein, dass wir von Gott getrennt wären? Dies ist ein Ding der Unmöglichkeit. Darauf werden wir in einem späteren Kapitel noch genauer eingehen.

Das Prinzip der Entsprechung

Das Prinzip der Entsprechung wird auch als *Gesetz der impliziten Ordnung* bezeichnet und mit dem Satz »Wie oben, so unten« beschrieben.

Dieses zweite hermetische Gesetz besagt, dass jede Existenz, jeder Vorgang und jeder Zustand eine Entsprechung auf jeder Ebene des Seins haben muss. Nach dem Gesetz der Geistigkeit bedeutet das, dass jede physische Erscheinung eine dazugehörende Entsprechung in der feinstofflichen Ebene haben muss.

Um das Prinzip der Entsprechung zu erklären, wird oft der Vergleich von Makrokosmos und Mikrokosmos verwendet. Betrachten wir uns dieses »Wie im Kleinen, so im Großen« anhand von einigen Beispielen. Wir Menschen können uns nur innerhalb einer mittleren Größenordnung eine Vorstellung von den Dingen machen. Wenn etwas zu klein oder zu groß ist, können wir es mit unserem Verstand nicht mehr erfassen. Dann hilft es uns zu wissen, dass sowohl im Makrokosmos als auch im Mikrokosmos die gleichen Gesetzmäßigkeiten herrschen. Damit können wir diese Dinge an Hand von Formeln beschreiben.

Grundlage dieser Formeln ist die Tatsache, dass jede Existenz mehrfach in sich selbst abgebildet ist. So sind große Formen immer mehrfach in kleineren Formen enthalten, große Zyklen in vielen kleinen. Dies nennt man Analogie.

Um das Ganze zu veranschaulichen, rufen wir uns noch einmal den Aufbau eines Atoms in Erinnerung. Beim Aufbau des einfachsten Elementes Wasserstoff kreist ein Elektron um ein Proton. Was die beiden zusammenhält ist nur die Anziehungskraft. Würde man dieses Modell um ein Vielfaches vergrößern, dann würde es in Relation der Konstellation Erde – Mond gleichen. Der Mond umkreist die Erde wie das Elektron das Proton.

Der Planet Jupiter hat 9 Monde, die ihn umkreisen, und gleicht in der Entsprechung damit unserer Sonne, die ihrerseits von 9 Planeten umkreist wird. (Ich nehme mir die Freiheit, Pluto noch immer als Planeten zu betrachten, denn die kleinkarierten Streitereien der Astronomen, ab welcher Größe ein Himmelskörper als Planet gelten darf, ist meines Erachtens ein unwichtiges Thema.)

Selbst die Sonne ist nicht das Ende dieser Analogie, dreht sich unser Sonnensystem gemeinsam mit vielen anderen um die Urzentralsonne.

So wie ein Einzeller ein eigenständiger Organismus ist, entspricht er im Aufbau der Organe dem Aufbau von komplexeren Lebewesen, wie Mensch und Tier. Diese verhalten sich wiederum als Lebewesen wie unser Heimatplanet Erde. Schon in den sechziger Jahren entwickelten der Mediziner James Lovelock und die Mikrobiologin Lynn Margulis die These, dass die Erde ein Lebewesen sei. Diese Ansicht formten sie zu der so genannten Gaia-Hypothese. Die Quintessenz dieser Hypothese besagt, dass die Erde als Ganzes, insbesondere die Erdoberfläche einschließlich der gesamten Biosphäre, einen eigenständigen Organismus darstellt – also ein Lebewesen.

Demzufolge bildet die Erdoberfläche ein aktives System, welches die Biosphäre durch ein Rückkopplungssystem steuert. Lovelock und Margulis befanden, dass die Erde alle Kennzeichen von bewusstem Leben aufweist und die Erdoberfläche ein dynamisches Kreislaufsystem besitzt.

Die Erde ist ein lebender, sich selbst organisierender Planet. Sie hält den Sauerstoffgehalt der Atmosphäre wider Erwarten konstant und reagiert auf verschiedene Situationen mit Klimaschwankungen. Diese Phänomene sind aber nur dann erklärbar, wenn man die Erde als einen einzigen lebenden Organismus ansieht.

Natürlich missfiel diese Theorie dem wissenschaftlichen Establishment, welches die Hypothese boykottierte und zu widerlegen versuchte. So befand man, dass ein wichtiges Kennzeichen eines Lebewesens die Fortpflanzung sei, was man bei der Erde nicht beobachten könne. In ihrem kurzsichtigen Tun übersahen diese Herren jedoch, dass ihre Argumentation nur dann stimmt, wenn man sie aus der Perspektive einer mechanischen, darwinistischen Sicht der Dinge sieht, welche jedoch längst widerlegt ist. Die Zeiten dieser verstaubten Paradigmen sind vorbei.

Interessant ist in diesem Zusammenhang wohl der Umstand, dass die Gaia-Hypothese indirekt den Naturvölkern Recht gibt, welche unseren Heimatplaneten liebevoll als »Mutter Erde« bezeichnen. Abseits der lärmenden Moderne nimmt man die Erde offensichtlich noch so wahr, wie sie wirklich ist – als ein liebevolles, uns Menschen nährendes Lebewesen.

Das Gesetz der Polarität

Auf den ersten Blick wirkt das Gesetz der Polarität recht einfach. Das führt aber sehr oft dazu, dass die enorme Bedeutung der Polarität sehr leicht übersehen wird.

Das Gesetz der Polarität besagt: »Alles ist zweifach, alles hat zwei Pole, alles hat ein Paar von Gegensätzlichkeiten.«

So ist die Polarität ein Begriff für ein Verhältnis von sich wechselseitig bedingender Gegensätzlichkeiten. Die Polarität bedeutet also, dass jeder Aspekt unserer Umwelt aus Gegensatzpaaren besteht – dass alles im Leben zwei Seiten hat: hell und dunkel, kalt und heiß, schwarz und weiß, Mann und Frau, Liebe und Hass, arm und reich, krank und gesund, plus und minus, sauer und basisch, einatmen und ausatmen, Systole und Diastole, Tag und Nacht, Yin und Yang. Aber auch Diesseits und Jenseits, Gut und Böse, Glück und Leid, Geist und Materie … – die Liste ließe sich endlos fortsetzen.

Wir leben in einer Welt von Gegensätzen. Vielmehr noch, wir können gar nicht anders, als in Gegensätzen zu denken. Unsere Umwelt bietet uns keinen Begriff, ohne entsprechenden Gegenpol, daher ist es für uns auch nicht möglich, uns etwas vorzustellen, das keine Polarität aufweist.

Wichtig dabei ist, dass keine Wertung zwischen den Polen vorgenommen werden sollte. Kein Pol ist besser, wichtiger oder mehr wert als sein Gegenstück, denn die Gegensätze bedingen einander. Jeder Pol ist auf sein Gegenüber angewiesen, denn Pole sind gegenüberliegende Enden derselben Sache, welche untrennbar miteinander verbunden sind.

Technisch gesehen ergibt die Summe der beiden Pole immer null. Könnte man einen Pol entfernen, wäre der andere bezugslos, und damit wertlos und schlussendlich existenzlos. Könnte man das Männliche entfernen, würde das Weibliche aussterben – oder umgekehrt.

So weit, so gut. Doch interessant ist die tiefere – die universelle Bedeutung der Polarität. Das *Gesetz der Polarität* ist nämlich die Grundlage der Existenz unseres Universums. Alles in unserem Universum – mit einer einzigen Ausnahme – baut auf der Polarität auf.

Diese Ausnahme ist: Gott. Unser Schöpfergott unterliegt nicht der Polarität. Das ist der Grund, warum sich die Menschen keine Vorstellung von ihm machen können und ihn personifizieren, um ihn irgendwie gedanklich fassen zu können. Sie versuchen, Gott in die Polarität zu ziehen, um sich ein Bild von ihm machen zu können. Darin liegt die Ursache von sehr vielen Missverständnissen.

Die einzige Realität in unserem Universum ist das Licht Gottes. Auf universeller Ebene gibt es Worte wie Erwartung, Verurteilung, Bestrafung, Aufopferung usw. nicht – es existiert nur das Licht Gottes. Die Polarität nimmt ihren Ursprung unter ihm – zwar innerhalb seiner Schöpfung, aber sie schließt ihn nicht ein. *Unser Schöpfergott steht über der Polarität.*

Wenn nun der Schöpfergott aber der Polarität nicht unterliegt, hat er auch keinen Gegenpol, oder Gegenspieler. Luzifer ist Teil der Polarität. Luzifer unterliegt der Polarität.

Man kann daraus leicht erkennen, dass der Schöpfer und Luzifer nicht als Polarität zusammengehören, sondern dass Luzifer eine andere Polarität haben muss, die sich gemeinsam mit ihm auf dem gegenüberliegenden Ende derselben Sache befindet. Hier liegt auch das größte Missverständnis der Religionen.

Kommen wir zurück zu der Tatsache, dass alles in unserem Universum – außer dem Schöpfergott – der Polarität unterliegt. Unser Universum ermöglicht es den Seelen zu lernen und zu wachsen. Doch um etwas lernen zu können, muss man die Möglichkeit besitzen, Entscheidungen treffen zu können, Fehler zu machen und – aus diesen Fehlern Erkenntnisse zu ziehen.

Diese Möglichkeit, Entscheidungen zu treffen, wird durch die Polarität geschaffen. Die Polarität erzeugt also das Lernfeld, in dem wir uns bewegen und in welchem wir eine Unzahl von Entscheidungsmöglichkeiten haben. Diese erlauben uns, Erfahrungen sammeln zu können.

Wer aber diese Erfahrungen als »positiv« oder »negativ« beurteilt, begeht den Fehler der Bewertung. Positiv und negativ sind Bezeichnungen unserer dreidimensionalen Gesellschaft. Im Universum gibt es diese Wertung nicht. Was für den einen negativ ist, kann für den anderen positiv sein. Es wäre für unser Verständnis also besser, Erfahrungen als »links oder rechts der Mitte« anzusehen. In der Mitte herrscht das Gleichgewicht.

Es ist wichtig zu verstehen, dass jemand, der nicht handelt und dadurch keinen Fehler macht, auch nicht erkennen kann, was Wahrheit ist. Denn wer nur die Wahrheit erlebt, hält diese nicht für die Wahrheit, weil er nichts hat, womit er sie vergleichen kann. Jeden einzelnen Tag in unserem Leben bewegen wir uns in diesem Band der Möglichkeiten; manchmal links, manchmal rechts der Mitte, abhängig von unserer Einstellung.

Deshalb benötigen wir die Entscheidungsfreiheit, welche die Polarität ermöglicht.

Es ist Unfug zu glauben, die Menschheit könnte die Polarität »überwinden«. Solange ein Mensch in diesem Universum lebt (wie sollte er es auch verlassen), unterliegt er der Polarität und ihren Auswirkungen. Die Polarität ist ein »Wertebezugssystem«, in dem sich der Mensch orientieren kann.

So bezeichnet er mit den Attributen »gut« und »richtig« die Dinge, die er für erstrebenswert erachtet. Mit den Attributen »böse« und »falsch« bezeichnet er die Dinge, welche er ablehnt. Aus diesem Grund befindet sich jeder Mensch im ständigen Kampf gegen das vermeintlich Falsche, versucht dieses auszurotten – und unterliegt damit einem großen Irrtum.

Das »Falsche« und das »Böse« können nicht ausgerottet werden, weil sie Teil der polaren Welt sind. Wer das »Falsche« und »Böse« bekämpft, führt einen Kampf gegen Windmühlen – er kämpft gegen die Realität. Ließe sich nämlich das »Böse« ausrotten, würde im selben Moment das »Gute« seinen Gegenpol, und damit sein Gleichgewicht, verlieren.

Daher sollte man erkennen, dass man nicht versuchen soll das »Böse« zu vernichten, sondern lernen, damit umzugehen. Das ist die Aufgabe jedes Einzelnen. Eben dazu benötigen wir die Möglichkeit, die »Minuspolarität« zu erkunden, um sich dann ins Plus bewegen zu können – Fehler begehen zu können, um durch den Eliminationsprozess auf die Wahrheit zu stoßen. Sobald jemand weiß, was er nicht will, kann er mit Sicherheit erkennen, was er will. Um es noch einmal zu verdeutlichen:

Es ist ein Unsinn, in der Dunkelheit gegen das Dunkel zu kämpfen, es ist viel einfacher, ein Licht anzuzünden.

Das Gesetz der Schwingung

Schwingung und Strahlung stellen für den Menschen schwer verständliche Vorgänge dar, da sie meist in einer Größenordnung ablaufen, in der wir sie nicht wahrnehmen können. Doch verkörpert das Prinzip der Schwingung die Tatsache, dass alles im Universum mit seiner eigenen Frequenz schwingt und sich bewegt. Die Schwingung stellt die Grundlage für den Rhythmus und die Resonanz dar, wie wir im Folgenden sehen werden.

Das Kybalion sagt über das Gesetz der Schwingung: »*Nichts ist in Ruhe, alles bewegt sich, alles ist in Schwingung.*«

Auch die moderne Physik bestätigt dies. Die gesamte uns bekannte Materie unterliegt diesem Gesetz der Schwingung. Alles besitzt eine Eigenschwingung. Diese Erkenntnis zählt in der Quantenphysik zum Allgemeinwissen. Die Wissenschaft hat die Materie in ihre kleinsten Teilchen aufgespaltet, um schlussendlich zu erkennen, dass alle Atome in ihrer eigenen Frequenz schwingen.

Doch nicht nur die Materie schwingt. Nachdem wir wissen, dass Geist und Materie Polaritäten darstellen, ist auch das Geistige der Schwingung unterworfen. Geist und Materie stellen Schwingung in verschiedenen Frequenzen dar. Während die höchste existierende Schwingung vom Geist des Schöpfergottes ausgeht, verkörpert die Materie die niedrigste Stufe in Punkto Schwingung. Materie ist nichts anderes als bis zum Nullpunkt verlangsamte Energie. Alles andere liegt dazwischen. Daher ist die gesamte Existenz nichts anderes als Schwingung auf verschiedenen Ebenen.

Wenn man die Schwingung als solches betrachtet, ist es wichtig zu verstehen, dass als Schwingung nicht nur eine lineare Hin- und Herbewegung gilt, sondern dass die Kreisbahn den Grundtyp der Schwingung darstellt. Wenn man eine kreisförmige Bewegung von der Kreisebene her von außen betrachtet, offenbart sich einem keine Kreisbewegung, sondern mit dem Verlust der zweiten Dimension ein scheinbares Hin- und Herschwingen in Form einer Sinusschwingung.

Ein sich bewegender Körper bewegt sich aus der Mitte in eine Richtung, verzögert sich, bis er an seinem Endpunkt angelangt ist, steht einen Moment still, um für seine Bewegung in die Gegenrichtung wieder zu beschleunigen. So rotiert jedes Atom um das Neutron, jeder Planet um die Sonne, jede Galaxie um ihr Zentrum und – alles schwingt.

Als Maßeinheit für die Schwingung dient den Menschen die Einheit Hertz, benannt nach dem Physiker Heinrich Hertz. Ein Hertz (1 Hz) bedeutet eine Schwingung pro Sekunde. Ändert sich die Anzahl der Schwingungen pro Sekunde, spricht man von einer Änderung der Frequenz. So schwingt jedes Element mit einer eigenen Frequenz.

Unser Körper ist einer Vielzahl von Schwingungen ausgesetzt, der wir nicht entkommen können. Radiowellen, Funkwellen, Mikrowellen durchdringen mühelos alle Widerstände und regen die Zellen im Körper zum Mitschwingen an. In unserer lärmenden Welt sind wir ständig Tönen und Geräuschen aller Art ausgesetzt, welche unsere Sinne überreizen. Dermaßen akustisch überfordert, nehmen wir wichtige Dinge nicht mehr wahr.

Schwingung finden wir in der Akustik, der Elektronik, in Wasser, bei Pflanzen und vielen anderen physischen Gegebenheiten. Dabei wissen wir, dass Wasser die Fähigkeit besitzt, Schwingungen von Dingen zu kopieren, mit denen es in Berührung kommt. Danach kann es diese Schwingung in Form von Information auf andere Körper übertragen. Diese Eigenschaft nützt man in der Homöopathie.

Pflanzen heilen nicht nur durch ihren chemischen Gehalt, sondern ihre Schwingungen löschen die Schwingung von Erregern durch Interferenz aus. So hebt beispielsweise die Schwingung von Chinin-Molekülen die Schwingung von Malaria-Molekülen auf. Schon Paracelsus wusste, dass alles Lebendige schwingt, und Pflanzen mit ihren hohen Schwingungen die Möglichkeit besitzen, durch Krankheiten verlangsamte Schwingungen im menschlichen Körper wieder zu beschleunigen.

Bleiben wir beim menschlichen Körper und fokussieren wir uns auf den menschlichen Geist. Anfang des 20. Jahrhunderts kamen interessierte Wissenschaftler hinter die Tatsache, dass das menschliche Gehirn Wellen mit verschiedener Frequenz produziert. Man erkannte, dass die Geschwindigkeit dieser Gehirnwellen sich mit der Aktivität des Gehirnes veränderte. So traf man eine Einteilung und klassifizierte die Gehirnströme in vier Gruppen:

1. Betawellen (12 bis 40 Hertz) – die sehr schnellen, während wir beschäftigt sind;
2. Alphawellen (8 bis 12 Hertz) – die schnellen, wenn wir uns entspannen;

3. Thetawellen (4 bis 8 Hertz) – die langsamen, bei tiefer Entspannung;
4. Deltawellen (0,5 bis 4 Hertz) – die sehr langsamen, während wir schlafen.

Uns interessiert in diesem Zusammenhang der Übergang zwischen Alphawellen und Thetawellen, der bei etwa 8 Hertz liegt. Die Frequenz von 8 Hertz stellt im Gehirn nämlich eine wichtige Schwelle dar. Diese Schwelle ist der Übergang zwischen Schlafen und Wachen. Bei knapp 8 Hertz liegt die untere Grenze des Alpha-Zustandes und die obere Grenze des Theta-Zustandes unseres Gehirnes – und ist die Schwelle zwischen Bewusstsein und Unterbewusstsein.

Wie alle Planeten und Sterne besitzt auch Mutter Erde eine Eigenschwingung. Diese wurde als Erstes von Wilfried Otto Schumann bestimmt und trägt deshalb seinen Namen: die Schumann-Resonanz-Frequenz. Diese Frequenz stellt eine stehende elektromagnetische Welle dar, welche in einer bestimmten Frequenz zum Verhältnis Umfang der Erde zu Lichtgeschwindigkeit steht. Was so wissenschaftlich kompliziert klingt, kann man auch einfach beschreiben: *Die Eigenfrequenz der Erde beträgt knapp 8 Hertz.*

Mit dieser Frequenz stellt die Erd-Eigenschwingung eine biologisch wichtige Größe für alle Lebewesen dieses Planeten dar. Alle Lebewesen unterliegen einer direkten Abhängigkeit von der Schwingung von Mutter Erde.

Und dabei ist es augenscheinlich, dass die Lebewesen bei genau dieser Frequenz in Kontakt mit Mutter Erde und der feinstofflichen Welt treten können, und somit Dinge wahrnehmen können, die normalerweise von der Primärwahrnehmung (5 Sinne) überlagert werden.

Im Tierreich, bei Naturvölkern und in der fernöstlichen Meditation ist es üblich, sich über längere Strecken geistig in der Gegend um 8 Hertz aufzuhalten. Damit haben Tiere und solche Menschen die Möglichkeit, mit anderen Dimensionen in Kontakt zu treten und am universellen Wissen teilzuhaben.

Bei 8 Hertz liegt das Tor zur feinstofflichen Welt. Hier finden alle »paranormalen« Fähigkeiten ihren Ursprung.

In unserer lärmenden und stressigen »modernen« Gesellschaft jedoch halten wir uns den ganzen Tag lang geistig im Bereich der sehr schnellen Betawellen auf. Wenn wir abends endlich zur Ruhe kommen, durcheilen wir den Zustand der Alphawellen und Thetawellen, um erschöpft vom Tagesgeschäft Erholung im Schlaf, also in den Deltawellen zu finden.

Den für uns so wichtigen Bereich von 8 Hertz streifen wir nur zwei Mal pro Tag für den Bruchteil einer Sekunde.

So dürfen wir uns nicht wundern, dass wir die wirklich wichtigen Dinge im Leben nicht wahrnehmen können und am Sinn des Lebens vorbeileben.

Das Gesetz des Rhythmus

Schwingung ist ebenfalls die Grundlage für den Rhythmus. Dementsprechend sind das Gesetz der Schwingung und das Gesetz des Rhythmus thematisch dermaßen miteinander verschachtelt, dass es schwierig scheint, sie getrennt voneinander zu betrachten. Diesen Zusammenhang beschreibt das Kybalion folgendermaßen: *»Nichts ist in Ruhe, alles bewegt sich, alles ist Schwingung. Alles fließt aus und ein, alles hat seine Zeiten, alle Dinge steigen und fallen, das Schwingen des Pendels zeigt sich in allem; das Maß des Schwunges nach rechts ist das Maß des Schwunges nach links; Rhythmus kompensiert.«*

Rhythmus entsteht durch das konstante Schwingen von einem Pol zum Gegenpol. Er erzeugt Zyklen und Wiederholungen, und verkehrt sich in geordneten, periodischen Phasen in sein Gegenteil. So wird der Rhythmus zum Grundmuster allen Lebens. Alles, was existiert, unterliegt dem Gesetz des Rhythmus. Selbst das Universum, als Vorgang von Ausdehnen und Zusammenziehen (Ausatmen und Einatmen des Schöpfers). Rhythmus ist wie ein Metronom, welches allen Dingen zur richtigen Zeit ihren Platz zuordnet.

Wir erfahren den Rhythmus im stetigen Ein- und Ausatmen; das eine ist ohne das andere nicht möglich. Einatmen erzwingt das Ausatmen; der Pol des Einatmens verkehrt sich zum Pol des Ausatmens. Der Rhythmus schafft den Ausgleich – er kompensiert. Wer die Luft anhält und das Ausatmen verweigert, kann auch nicht mehr einatmen. Rhythmus bedeutet Leben, denn wir leben in Rhythmen. Könnte man den Rhythmus anhalten, würde man damit im gleichen Augenblick das Leben zerstören.

Die vom Rhythmus erzeugten Zyklen zeigen sich uns in verschiedensten Erscheinungsformen – Sommer und Winter, Vollmond und Neumond, Flut und Ebbe, Tag und Nacht, Anode und Kathode. Alles unterliegt dem Rhythmus als Muster des Lebens. Wir finden den Rhythmus auch in der Musik, der Poesie, beim Tanzen, im Sprechrhythmus und im biologischen Rhythmus.

Was den Menschen beim Atmen noch logisch erscheint, wird bei größeren polaren Wechseln oft ignoriert. Der Einfluss des Mondes und der Sonne auf die Lebewesen wird in unserer Gesellschaft weitestgehend als unwichtig abgetan. Mit künstlichem Licht ist es dem modernen Menschen möglich Wach- und Schlafphasen zu verschieben. Die ureigenste Biologie des Menschen wird von unserer ›aufgeklärten‹ Gesellschaft missachtet und negiert.

Dabei beobachtete man schon vor etwas mehr als zweihundert Jahren, dass allen Lebewesen eine »innere Uhr« gegeben sein muss, denn man fand tageszeitbedingte Schwankungen in der Körpertemperatur und der Frequenz des Pulses.

Man sprach von einer biologischen Uhr und prägte den Begriff Biorhythmus, dem alle Lebewesen unterliegen. Dabei folgt der Körper nicht nur einem einzigen Rhythmus, sondern unterliegt einem regelrechten »Konzert von Biorhythmen«, bei welchen die Dauer der Zyklen von einigen Sekunden bis zu einigen Jahren variiert.

Während ein ultradianer Zyklus maximal Minuten dauert, benötigt der circadiane Rhythmus exakt 24 Stunden, um am gleichen Punkt anzulangen. Infradiane Rhythmen dauern von einem Monat bis zu Jahren; wobei die weibliche Periode als Beispiel erwähnt sei, oder der totale Austausch aller Körperzellen innerhalb weniger Jahre.

Die Biorhythmen werden aber nicht nur intern gesteuert, sondern unterliegen auch äußeren Einflüssen. So ist der Schlaf-Wach-Rhythmus eines Säuglings ein anderer als der eines Erwachsenen. Ein Säugling schläft etwa 16 bis 17 Stunden pro Tag. Ab der 20. Lebenswoche beginnt der junge Erdenbürger dann, seinen Schlaf-Wach-Rhythmus an den seiner Eltern anzugleichen.

Der Schlaf-Wach-Rhythmus eines Erwachsenen ist aber auch von äußeren Einflüssen abhängig. Es ist der Wechsel zwischen hell und dunkel, der als Taktgeber fungiert und die innere Uhr der Lebewesen tagtäglich mit der äußeren abgleicht. In Versuchsreihen, bei denen die Versuchspersonen vom natürlichen Tag-Nachtzyklus abgeschottet wurden, veränderte sich der Schlaf-Wach-Rhythmus von 24 Stunden auf bis zu 33 Stunden.

Die inneren Uhren waren nicht mehr synchron, sondern freilaufend. Das Gleiche kann man auch bei blinden Lebewesen beobachten. Blinde unterliegen dem gleichen Schlaf-Wach-Rhythmus wie sehende Menschen. Interessanterweise ändert sich dies, sobald man aus medizinischen oder kosmetischen Gründen anstatt der Augen Glaskörper einsetzt. Ab diesem Zeitpunkt läuft die innere Uhr nicht mehr synchron und der Schlaf-Wach-Rhythmus verändert sich.

Wir sehen, dass verschiedene Rhythmen einen enormen Einfluss auf unseren Körper und Geist ausüben. Es ist verwunderlich, dass ein so wichtiger Aspekt unseres Lebens so wenig Beachtung findet. Unser Körper, der von weisen Menschen als der Tempel unserer Seele angesehen wird, unterliegt Einflüssen, die wir wieder zur Kenntnis nehmen und akzeptieren sollten.

Er hat Bedürfnisse, welche wir beachten müssen. Tun wir dies nicht, wie in der modernen westlichen Welt üblich, dürfen wir uns nicht wundern, wenn Sinnlosigkeit und Krankheit den Platz von Erfüllung und Glück einnehmen in diesem unseligen Spiel, ausschließlich dem äußeren Wohlstand nachzurennen.

Das Prinzip von Ursache und Wirkung

Wie das Gesetz der Polarität sieht das Prinzip von Ursache und Wirkung auf den ersten Blick recht einfach aus. Gerade darin liegt aber der Grund für einige Missverständnisse.

Wenn jemand in der Bibel die Worte des Apostels Paulus liest: *»Was der Mensch sät, wird er ernten« (Gal. 6,7),* kann er das auf der physischen Ebene leicht nachvollziehen. Jedem ist klar, dass, wenn ein Bauer im Frühjahr Roggen aussät, er im Herbst Roggen ernten wird. Wer Roggen sät, kann keinen Hafer oder anderes Getreide zur Ernte erwarten. Der Bauer erntet, was er sät. Und je besser der Bauer seine Saat pflegt, desto besser gedeiht sie. So einfach ist das.

Doch, was auf der materiellen Ebene so logisch erscheint, dass es beinahe lächerlich anmutet, wird von den Menschen gerne übersehen, sobald es um andere Bereiche des Lebens geht. Das Prinzip von Ursache und Wirkung ist nämlich auch unter anderen Bezeichnungen bekannt: Gesetz der Kausalität oder einfach Karma (Sanskrit = die Tat).

Und genau beim Begriff Karma tauchen die Missverständnisse auf. Viele Leute ignorieren dieses Thema als fernöstlichen Aberglauben, andere wiederum verstricken sich dabei in Vorstellungen von Bestrafung, wie sie Religionen und Kirchen vorgeben. Doch Karma ist keine Handlung der Bestrafung, sondern bedeutet so viel wie Lebenserfahrung. *Karma bedeutet Erfahrung – und nicht mehr.*

Wir kommen in dieses Leben, um Erfahrungen zu machen. Doch weil die Menschen für alles ein Etikett brauchen und alles in eine Schublade stecken wollen, unterscheiden sie plötzlich zwischen positivem und negativem Karma. Doch es gibt kein Karma, welches man ein ganzes Leben mit sich herumschleppt, denn das wäre eine Verurteilung und Bestrafung. Wer jedoch sollte einen Menschen bestrafen?

Wie wir bereits wissen, existieren emotionale Worte wie Schuld, Sünde, Verurteilung und Bestrafung auf universeller Ebene nicht – alles, was auf universeller Ebene existiert, sind das Licht und die Liebe des Schöpfergottes.

Und wie wir noch sehen werden, ist das Schuld- und Sühnethema nichts anderes als eine von Menschen erfundene Lüge, um andere Mitmenschen zu unterdrücken.

Karma ist ein Gesetz, welches auf materieller, gedanklicher und geistiger Ebene die Wirkung mit der Ursache untrennbar verbindet. Da Gleiches sich aber nach dem Gesetz der Resonanz stets anzieht, bewirkt Karma auf gerechte Weise, dass die Wirkung zu ihrem Urheber zurückkehrt.

Oder anders ausgedrückt: Die Qualität der Energien, welche ein Mensch aussendet, kehrt zu ihm zurück. Wer Liebe sät, wird Liebe ernten; wer Verständnis sät, wird auch solches erfahren; und wer negative Emotionen wie Missgunst oder Ärger sät, darf sich nicht wundern, wenn er genau dies in seinem Leben erntet.

Karma existiert nicht, um zu belohnen oder zu bestrafen, sondern um jedem einzelnen Menschen die Möglichkeit zu geben, selbst zu erfahren, was man anderen angetan hat, um daraus durch Erkennen und Begreifen zu lernen.

Das Gesetz von Ursache und Wirkung, welches der Wissenschaft auch als »Drittes Newton'sches Axiom« bekannt ist, lässt jeder Handlung, welche ein Mensch setzt, eine dementsprechende Reaktion zukommen. Dadurch kommt jeder Gedanke und jede Handlung, die wir setzen, unweigerlich zu uns zurück. Egal, welcher Natur unsere Energien dabei sind, es kommen die Energien immer in gleicher Qualität zum Urheber zurück – ob angenehm, oder unangenehm.

Mulford drückte es anschaulich aus, als er meinte, das Leben würde unweigerlich Lächeln mit Lächeln und Tritt mit Tritt erwidern. Daraus erkennt man sehr deutlich, dass das Gesetz von Ursache und Wirkung sowohl positiv-konstruktiv als auch negativ-destruktiv wirkt. Wir ernten also die Früchte der Bäume, die wir gepflanzt haben. Wenn wir uns angenehme Energien aussenden, werden diese genauso verlässlich zu uns zurückkommen, wie es unangenehme Energien tun.

Daher rührt der Spruch: *»Was du nicht willst, das man dir tu, das füg´ auch keinem andern zu.«* Immanuel Kant drückte dies in seinem kategorischen Imperativ so aus: *»Handle stets nach einer Maxime, die zugleich als allgemeines Gesetz gelten kann.«*

Unser Leben und Schicksal bedeutet also nichts anderes als die »Ernte unserer Aussaat«. Der Urheber unseres Schicksals sind immer wir selbst. Egal, ob wir uns unseres Schicksals erfreuen oder unter ihm leiden, wir bekommen immer nur das, was wir in der Vergangenheit gesät haben. Nicht mehr, nicht weniger, und vor allem – nichts anderes.

Glück und Leid sind die Früchte der Gedanken und Handlungen, welche wir in der Vergangenheit ausgesendet haben. Daher ist es unsinnig, einen Verantwortlichen zu suchen für das Leid, welches uns widerfährt. Wir sind die Verantwortlichen – jeder Einzelne von uns. Das Gesetz von Ursache und Wirkung fordert von uns Menschen die volle Verantwortung für unsere Gedanken und Taten – und damit für unser Schicksal – zu übernehmen.

Derjenige, welcher Verantwortung für sich übernimmt, tritt aus der Herde und wird zum eigenständigen Wesen; der, der Verantwortung für sich und andere übernimmt, avanciert zum Leittier.

Ein Grund dafür, warum wir das Gesetz von Ursache und Wirkung in unserem täglichen Leben nicht deutlicher erkennen, ist die Tatsache, dass zwischen Säen und Ernten ein oft größerer zeitlicher Abstand besteht. Das findet seinen Grund in unserer Dreidimensionalität. Auf universeller Ebene ist jeder Gedanke sofort eine Realität. In der dritten Dimension, in welcher wir uns befinden, zum Glück nicht. Überlegen Sie einmal, was passieren würde, wenn jeder unserer Gedanken sich sofort manifestieren würde – jeder intelligente und jeder weniger intelligente. Das Chaos würde ausbrechen, das Ende wäre nah. Genau davor schützt uns die zeitliche Verzögerung. Doch wenn zwischen Ursache und Wirkung mitunter Jahre liegen, haben wir beim Eintreten der Wirkung die Ursache längst vergessen.

In Bezug auf das Thema Karma sei auf eines hingewiesen: Anders als beim Bauern, der im Frühling sät und im Herbst erntet, geschieht in Bezug auf Karma das Säen und Ernten gleichzeitig. *Wir säen und ernten Karma im selben Augenblick.* Wir ernten jetzt als karmische Reaktion, was wir in der Vergangenheit durch unsere Taten gesät haben, und wir säen durch unsere Gedanken und Handlungen jetzt, was wir in der Zukunft ernten werden. Wir befinden uns alle in einem fortlaufenden Prozess.

Hier kommt ein immens wichtiger Punkt ins Spiel. Es wird oft diskutiert, ob der Mensch einen freien Willen habe oder ob im Leben alles vorbestimmt, also prädestiniert sei. Dabei schließen sich die beiden Möglichkeiten vordergründig betrachtet gegenseitig aus. Wenn man sich die Sache jedoch genauer betrachtet kommt man zu einem interessanten Ergebnis: Sowohl der freie Wille als auch Prädestination bestimmen unser Leben und Schicksal.

Karma ist nämlich das Zusammenspiel zwischen freiem Willen und Prädestination. Der freie Wille und die Prädestination wirken gleichzeitig und ergänzen einander.

Auf der Ebene der Ursache spielt der freie Wille die zentrale Rolle. Ohne freien Willen gäbe es kein Karma; der freie Wille stellt also die Grundlage des Karmas dar. Wir entscheiden in jedem Augenblick unseres Daseins, auf der Basis des freien Willens, was wir tun wollen. Durch unsere selbst gewählten Taten verursachen wir unser Karma.

Auf der Ebene der Wirkung unterliegen wir jedoch der Prädestination. Diese Wirkung ist die Reaktion auf unsere eigenen Handlungen in der Vergangenheit. Das ist die Ernte unserer Aussaat. Was wir selbst verursacht haben, tritt als unveränderlicher Umstand in unser Leben und wird zu unserem Schicksal.

Kurz gesagt: Der freie Wille zu denken und zu handeln (Aktion) kommt als unveränderliche, prädestinierte Situation (Reaktion) zu uns zurück. Unsere Handlungen bestimmen wir, die Situation ist vorgegeben. Und so schaffen wir permanent mit unserem freien Willen unsere Lebenssituationen der Zukunft, während wir permanent, als karmische Reaktion, Situationen ausgesetzt sind, die wir selbst in der Vergangenheit verursacht haben. Damit sollte nun klar sein: *Es gibt im Leben keinen Zufall.*

Alles, wirklich alles, was uns im Leben widerfährt, ist eine Reaktion auf unsere Gedanken, Wünsche und Handlungen in der Vergangenheit. Hinter jeder Situation und jedem Ereignis stehen das Gesetz von Ursache und Wirkung und das Gesetz der Anziehung, auf welches wir noch zu sprechen kommen werden.

Was uns »zufällt« ist genau das, was wir verursacht haben. Daher beschreibt das Kybalion das Gesetz von Ursache und Wirkung so: *»Jede Ursache hat ihre Wirkung; jede Wirkung hat ihre Ursache; alles geschieht gesetzmäßig; Zufall ist nur der Name für ein noch nicht erkanntes Gesetz; es gibt viele Ebenen der Ursächlichkeit, aber nichts entgeht dem Gesetz.«*

Zufall existiert im Universum nicht, denn Zufall wäre gleichbedeutend mit subjektiver Willkür. Doch von wem sollte diese Willkür ausgehen? Vom Licht und der Liebe Gottes? Ganz sicher nicht. So ist alles, was geschieht, dem universellen Gesetz von Ursache und Wirkung unterworfen.

Wer das Gesetz von Ursache und Wirkung wirklich begreift, hört auf, sich als Opfer der Umstände zu sehen, und versteht, wie wichtig es ist, Verantwortung für sich selbst zu übernehmen. Er begreift sich nicht mehr als passiver Ball im Spiel, der von allen getreten wird, sondern erkennt sich als Spieler, der aktiv ins Geschehen eingreift. Er wechselt die Seite – von der passiven Figur zum aktiven Spieler. Er agiert, anstatt nur zu reagieren. Er gestaltet sein Leben selbst, anstatt es von anderen gestalten zu lassen. Er ist nicht glücklich, wenn es ihm gut geht, sondern es geht ihm gut, weil er sein Glück gefunden hat.

C. Humphreys schreibt zum Thema Karma: *»Entweder ist die Karma-Lehre wahr, oder sie ist falsch. Das Universum ist entweder Kosmos oder Chaos, denn es kann nicht zum Teil durch ein Gesetz und zum Teil durch blinden, unvernünftigen Zufall regiert sein. Das Karma ist nicht ein Gesetz, von dem gesagt werden kann: Es könnte etwas daran sein. Entweder existiert das Gesetz, oder es besteht nicht. Falls es vorhanden ist, ist derjenige ein Tor, der es nicht gebraucht, und allein der ist weise, der darüber nachsinnt, es weit und breit verkündet und es in der kleinsten Einzelheit seines täglichen Lebens anwendet. Wenn es nicht wahr ist, so ist es ein seltsam ehrwürdiger Irrtum, und bedenkt man dazu, dass es als Grundlage der gesammelten Weisheit der ganzen Welt gelehrt wurde, seitdem das Suchen nach der Wahrheit begann; ist es seltsam, dass kein anderes Gesetz vorgeschlagen wurde, um die Phänomene dieses Lebens zu erklären.«*

Stellt sich dem aufmerksamen Leser noch die Frage: Kann man Karma ändern? Kann man sein Schicksal in eine andere Richtung lenken? Die Antwort ist einfach und logisch. Wenn man sein Schicksal selbst erschafft, kann man ihm auch leicht eine andere Richtung geben. Denn wer seine Einstellung, sein Denken und Handeln verändert, der verändert im gleichen Augenblick auch die Situationen seiner Zukunft, und damit sein Schicksal.

Noch interessanter ist jedoch die ultimative Frage, ob es möglich ist, die Reaktion auf eine bereits gesetzte Tat zu verändern. Oder anders ausgedrückt: Wenn jemand in der Vergangenheit etwas Unrechtes getan hat, kann er dann noch verhindern, dass die karmische Reaktion auf diese Tat in sein Leben tritt und auf ihn zurückfällt?

Die Antwort lautet auch hier: »Ja.« Doch es reicht nicht, seine Tat einzugestehen und sich mit Worten zu entschuldigen.

Hier ist ein echtes Beispiel zur Auflösung von Karma: Im Film »Ghandi« kommt ein Mann zu Ghandi und bittet ihn um seinen Rat. Er habe im Krieg etwas Schreckliches getan, denn er habe versehentlich ein Kind des Feindes getötet. Er bittet Ghandi um seinen Rat, um das Karma auflösen zu können. Ghandi antwortete: »Das ist ganz einfach, mein Sohn. Finde ein verwaistes Kind deines Feindes, adoptiere es als dein eigenes und das Karma ist erfüllt.«

Um Karma aufzulösen, muss man eine Handlung ins Positive umkehren, dann ist das Karma vorbei. Doch um das zu tun, bedarf es einer konkreten Handlung in der Polarität, um die Energie durch Interferenz auszugleichen. Dabei muss das Ausmaß der Energie der Handlung in der Polarität der Energiemenge jener Tat entsprechen, welche das Karma verursacht hat. Dann sind das Gleichgewicht und die Harmonie wieder hergestellt.

Karma kann man durch eine konkrete Handlung
in der Polarität auflösen.

Das Prinzip des Geschlechts

Das Prinzip des Geschlechts ist das am meisten missverstandene unter den universellen Gesetzen. Die Gründe dafür sind erstens, dass die Menschen, sobald es um das Thema Geschlecht geht, eine sexuelle Komponente ins Spiel bringen.

Daraus folgt zweitens, dass dem Prinzip des Geschlechts zu wenig Bedeutung beigemessen wird – oder, dass es aus Unsicherheit ganz einfach ins Lächerliche gezogen wird.

Doch das Prinzip des Geschlechts befasst sich weder mit männlichen oder weiblichen Geschlechtsmerkmalen noch mit gesellschaftlichen Rollenbildern. Es trägt der Tatsache Rechnung, dass in jedem einzelnen Ding – auch dem Menschen – männliche und weibliche Energien innewohnen.

Diese männlichen und weiblichen Energien verhalten sich polar zueinander, was, wie wir bereits wissen, bedeutet, dass sie zwei Pole einer zueinander gehörenden Sache darstellen. Männlich und weiblich bedingen einander, das eine kann ohne das andere nicht existieren. Wichtig ist in diesem Zusammenhang der Umstand, dass männliche und weibliche Energien gleich stark und gleichwertig sind – keiner der beiden Pole ist in irgendeiner Weise wichtiger, oder weniger wichtig, als der andere.

Das Zusammenspiel der männlichen und weiblichen Energien stellt eine der Grundlagen der physischen Existenz dar.

Erst auf der physikalischen Basis dieses Zusammenwirkens entsteht die Materie.

Das Universum entstand durch das Ausatmen des Schöpfergottes. Im Zuge dieses Ereignisses verbanden sich winzige, männliche und weibliche subatomare Teilchen und bildeten die Atome, welche wir als kleinste Teile der Materie betrachten. Das negativ geladene Elektron (weiblich) geht eine Beziehung mit dem positiv geladenen Proton (männlich) ein. Diese Beziehungsstruktur lässt das Elektron um den Atomkern kreisen. Das ist die physikalische Basis der Existenz der Materie.

Die gesamte physische Existenz beruht auf dem Zusammenspiel von männlichen und weiblichen Energien. Aus diesen Energien entstehen physikalische und chemische Reaktionen, wie zum Beispiel Licht oder Wärme ...

Das Kybalion schreibt dazu: *»In allem ist Geschlecht; alles hat seine männlichen und weiblichen Prinzipien; Geschlecht manifestiert sich auf allen Ebenen.«*

In der Physik wird der männliche, gebende Pol als positiver oder Pluspol bezeichnet, der weibliche, annehmende Pol als negativer oder Minuspol. Doch dies ist die Quelle der Missverständnisse. Positiv und negativ sind in unserer Gesellschaft wertende Begriffe. Doch in diesem Zusammenhang dürfen positiv und negativ nicht im Sinne von gut und schlecht verstanden werden, sondern geben einfach die Richtung des Energieflusses an – von Plus zu Minus und wieder zurück – in der Elektrizität wie im Magnetismus. Doch, wo setzt man den Beginn des Flusses bei positiv oder negativ?

Wir wollen zum besseren Verständnis die Begriffe positiv und negativ weglassen und dafür die Begriffe plus und minus verwenden, wohl wissend, dass plus und minus nicht als Wertung begriffen werden dürfen, sondern gleichwertig und sich ebenbürtig sind.

Grundsätzlich kann man zum allgemeinen Verständnis folgende Aussage treffen: *Der männliche Pol stößt Energie ab, der weibliche Pol zieht Energie an.*

Der männliche Pol ist also der gebende, während der weibliche Pol der annehmende ist. In der Elektrizität wird der Energie aussendende Pol als Anode bezeichnet, der Energie-annehmende Pol als Kathode. Dabei setzt der erste Impuls des Energie-Aussendens den Fluss der Elektrizität in Gang.

Betrachtet man das Prinzip des Geschlechts in Bezug auf die Menschen, eröffnet sich einem plötzlich ein interessanter Aspekt der menschlichen Handlungsweise. Jeder Mensch besitzt nämlich sowohl männliche als auch weibliche Energien – egal, ob Mann oder Frau. Doch in der Regel neigen Männer eher dazu, mehr die männlichen Energien zu leben, während Frauen eher dazu tendieren, die weiblichen Energien zu bevorzugen.

Das Wichtige an dieser Sache ist jedoch, dass wir Menschen bestrebt sein sollten, die männlichen und weiblichen Energien in unserem Denken und Handeln in Ausgleich zu bringen, denn d*as Gleichgewicht ist der Weg.*

Warum das so ist, wird sehr schnell deutlich, wenn man sich die beiden polaren Energien genauer ansieht. Weibliche Energien sind anziehend und annehmend, sie empfangen und kreieren neue Ideen, Visionen und Konzepte. Die weiblichen Energien sind auch bekannt unter den Begriffen der Intuition, des Bauchgefühls und der Eingebung.

Männliche Energien drängen danach sich auszudrücken, zu geben und schöpferisch tätig zu sein. Die männlichen Energien setzen Ideen um und manifestieren diese in der physischen Welt.

Man erkennt sehr schnell, in welchem Ausmaß männliche und weibliche Energien voneinander abhängig sind und wie sie sich auf wundervolle Art und Weise ergänzen. Interessant ist in diesem Zusammenhang die Frage, was geschieht, wenn ein Mensch zu sehr der einen oder der anderen Energie den Vorrang einräumt.

Weibliche Energien eignen sich wunderbar zur Entwicklung von Konzepten und Ideen. Doch sind sie kaum dazu in der Lage, diese Ideen in die Tat umzusetzen. Menschen, die einen zu großen Anteil an weiblichen Energien leben, sind passive, introvertierte Personen, welche den anderen beim Leben zusehen. Sie befinden sich andauernd in verschiedenen Phasen der Planung, schaffen es jedoch nie, ihre Pläne in die Tat umzusetzen. Meistens erleiden sie dann das Schicksal, sich selbst nie verwirklichen zu können, und sehen sich daher gezwungen, Konzepte zu leben, die ihnen von anderen auferlegt werden.

Männliche Energien dagegen sind das geeignete Werkzeug, um Ideen und Konzepte in die Tat umzusetzen. Personen, welche bevorzugt männliche Energien ausleben, sind die so genannten »Macher« in unserer Gesellschaft. Sie setzen Pläne und Konzepte in die Tat um und prägen auf diese Art und Weise unser gesellschaftliches Erscheinungsbild und unsere Umwelt. Sie sind extrovertiert, aktiv und sprühen (bevor sie dem Burnout unterliegen) vor Tatkraft.

Das Problem am einseitigen Ausleben männlicher Energien ist die Tatsache, dass in solchen Personen das Potenzial der weiblichen Energien brachliegt. Diese Menschen lehnen sich nicht zurück und reflektieren – schaffen ist angesagt. Gesellschaftlicher, materieller Erfolg ist das einzig Erstrebenswerte. Erfolg um des Erfolges willen.

Doch welche Ideen kann man in die Tat umsetzen, wenn man keine eigenen hat? Richtig, die Ideen der anderen. Wer selbst keine Ideen zu kreieren im Stande ist, ist zwangsläufig dazu verurteilt, Ideen anderer zu verwirklichen. Aus dem riesigen Pool der Menschen, welche einseitig ihre männlichen Energien ausleben, rekrutiert sich die Masse der Befehlsempfänger – der Herdentiere.

Wir sehen, wie wichtig das Zusammenspiel von männlichen und weiblichen Energien ist, und wie fatal es sich auswirkt, wenn der eine oder andere Pol zu stark gelebt wird. Denn, während die männlichen Energien danach drängen, feinstoffliche Ideen in die Grobstofflichkeit umzusetzen, sind es die annehmenden weiblichen Energien, welche die Ideen überhaupt erst entstehen lassen. Weibliche Energien bedeuten Intuition und Inspiration ohne Möglichkeit der Umsetzung.

Männliche Energien bedeuten Schaffensdrang und Umsetzung ohne Intuition. Erst das Gleichgewicht der beiden Energien ermöglicht es dem Menschen, ein kreatives, ausgeglichenes und selbstbestimmtes Leben zu führen.

Die Seele oder: »Wer bin ich?«

Wir kommen an dieser Stelle an einen Punkt, wo wir uns mit dem Sinn des Lebens befassen wollen. Die Fragen »Wer bin ich?«, »Woher komme ich?«, »Wohin gehe ich?« und »Wozu bin ich hier?« wollen wir in den nächsten zwei Kapiteln erörtern.

Diese beiden Kapitel handeln von der Seele und dem Prinzip der Wiederverkörperung.

Das Prinzip der Wiederverkörperung – oder auch die *Lehre von der Reinkarnation* genannt – ist thematisch so eng mit dem Begriff der Seele verflochten, dass es unmöglich ist, das Thema Seele vollständig zu erklären, ohne das Thema der Reinkarnation zu berühren – oder umgekehrt. Es ist vergleichbar mit dem Versuch, den Anfang eines Kreises zu finden.

Ich habe mich daher entschlossen, als Erstes den Begriff der Seele im Überblick zu erläutern. Im darauffolgenden Kapitel werde ich das Thema dann nochmals aufgreifen, um die Bedeutung der Seele vollständig zu beleuchten.

Der überwiegende Teil der Menschheit stößt bei der Frage »Wer bin ich?« sehr schnell auf eine unbefriedigende Antwort. Indem sich die Menschen ausschließlich mit ihrem physischen Körper identifizieren, lautet ihre Antwort: »Das, was mir mein Spiegelbild zeigt.« Die daraus resultierende Frage »Was bin ich?« wird dann zumeist mit den Antworten »Zu dick, zu dünn, zu klein, zu groß, oder zu irgendwas ...« beantwortet. Damit ist die Frage nach der eigenen Identität für die meisten auch schon zu Ende. Sie endete in einer Sackgasse, mit einer unbefriedigenden Antwort.

Wer eine Antwort auf die Frage »Wer bin ich?« bekommen möchte, sollte zuerst die Frage »Was ist Leben?« stellen. Oder was ist bei einer Leiche anders als bei einem lebenden Menschen? Warum kommt es zum physischen Zerfall?

Bei der Verwesung einer Leiche können wir Folgendes beobachten: *»Alle chemischen Einzelbestandteile gehen ihrer eigenen Gesetzmäßigkeit (›ihrem eigenen Willen‹) nach und unterwerfen sich keinem zusammenfassenden Konzept. Wenn dies beim lebenden Menschen jedoch der Fall ist, so muss in ihm eine Instanz tätig sein, welche die Autorität besitzt, die materielle Verschiedenartigkeit zu koordinieren. Diese Instanz muss typisch für den lebenden Menschen sein, da wir ihr Wirken im Toten nicht mehr finden«,* erklärt Dethlefsen und führt weiter aus: *»Auf der materiellen Ebene verschwindet beim Sterben eines Menschen bekanntlich nichts. Folglich kann unsere gesuchte Instanz niemals materieller Natur sein – was auch gar nicht zu erwarten war, denn wenn das wesentliche Kriterium dieser Instanz die Fähigkeit ist, Materie zu koordinieren, kann sie schwerlich selbst ebenfalls aus Materie sein. Jeder Mensch weiß aus Erfahrung, dass beim Tod eines Menschen dessen Bewusstsein und dessen Leben schwinden. Es liegt also nahe, dass unsere gesuchte Instanz mit einem dieser beiden Begriffe identisch ist. « [15]*

Deshalb muss Leben etwas Feinstoffliches sein, sonst hätten die Wissenschaftler es schon lange entdeckt und wären im Stande, es zu definieren. *»Wir sehen also, dass es etwas geben muss, das nicht materiell ist, jedoch die Fähigkeit hat, sich mit*

Materie zu verbinden und diese zu organisieren. Denn Herr Maier bestand aus sehr vielen chemischen Elementen und deren Verbindungen, die jetzt nach seinem Tod alle ihrer Eigengesetzlichkeit nachgehen, was wir Verwesung nennen. Zu Lebzeiten von Herrn Maier war das noch anders! Alle chemischen Elemente unterstanden einer Idee und waren in eine große Organisation eingebettet, in der sie nur die Aufgaben erfüllten, die dieser Idee zuträglich waren, unter weitgehendem Verzicht auf ihre individuelle Eigengesetzlichkeit«, beschreibt Dethlefsen und schlussfolgert: »*Es gibt also im lebenden Menschen ein organisierendes Prinzip, das im Wechselspiel mit der Materie des Körpers einen lebendigen Organismus bewirkt. Dieses organisierende Prinzip, das beim Tode den Körper offensichtlich verlässt, nennen viele ›Seele‹ « [16]*

In der heutigen Zeit ist der überwiegende Teil der Menschheit – größtenteils aus Desinteresse – mit dem Begriff der Seele überhaupt nicht vertraut. In den Medien findet man hin und wieder Ausdrücke wie etwa: »Die Seele baumeln lassen« oder »Aus tiefster Seele«, doch die wahre Bedeutung und der Wert der Seele für den Menschen liegen für die meisten im Dunkeln. Das war nicht immer so. Der Begriff der Seele, ihre Bedeutung, ihre Herkunft – dieses Wissen war im Altertum sehr verbreitet und ist Bestandteil des Urwissens der Menschheit.

Denker und Philosophen befassten sich in allen Epochen der Menschheit mit diesem Thema. Der griechische Philosoph Sokrates äußerte dazu: »*Die Seele ist eine unsichtbare Intelligenz, die den Körper mit seinem Gefühl der Lebendigkeit ausstattet und vor der menschlichen Gestaltwerdung existiert.*« Damit trifft Sokrates den Kern der Sache.

Die Seele ist nämlich, wie alles andere auch, vom Schöpfergott geschaffen. Man kann sich die Seele als kleinen Ball aus reiner Energie, mit einer entsprechenden Frequenz vorstellen.

Betrachten wir nun einmal die Beziehung zwischen Seele und Körper. Wenn eine Seele beschließt auf die Erde zu kommen, braucht sie dazu eine Person, da unsere Zivilisation hier physische Körper besitzt. Doch eine Seele ist reine Energie. Wie kann eine Seele in der physischen Welt wirken, Dinge bewegen und verändern – wie kann sie andere Menschen erreichen, ihnen helfen? Sie braucht eine Stimme, einen menschlichen Leib. Deshalb erschafft die Seele einen Körper. Natürlich bedarf es dazu auf physischer Ebene der geschlechtlichen Vereinigung von Mann und Frau. Doch ab dem Moment der Befruchtung übernimmt die Seele des Kindes die Organisation der Materie und steuert die Zellteilung des Embryos. Was sagt uns das:

Jeder Mensch ist der physische Ausdruck seiner Seele. Dies ist der Grund, warum wir Menschen existieren.

So sind unser Denken und Bewusstsein nicht das Resultat eines zufällig entstandenen Gehirnes, sondern es verhält sich vielmehr so, dass die Seele mit ihrem Bewusstsein dem Körper das Leben verleiht.

Die Wissenschaft vertauscht in dieser Beziehung Ursache mit Wirkung und schüttet so das Kind mit dem Bade aus. Descartes Schlussfolgerung »Ich denke, also bin ich« müsste lauten: »Weil ich existiere, bin ich in der Lage zu denken.« Dieser verkehrte Denkansatz der Wissenschaft beeinflusst unser Leben nachhaltig in eine vollkommen verkehrte Richtung.

Denker weisen hingegen den richtigen Weg. Buckminster Fuller meinte in Bezug auf die Seele: *»99 Prozent dessen, was* *einen Menschen ausmacht, ist nicht materieller Art. Man kann es weder sehen noch berühren noch messen. Es liegt in einer ganz anderen Dimension.«*

Johann Wolfgang von Goethe äußerte dazu: *»Ich glaube, dass wir einen Funken jenes ewigen Lichtes in uns tragen, das im Grunde des Seins leuchten muss und das unsere schwachen Sinne nur von ferne ahnen können. Diesen Funken in uns zur Flamme wecken zu lassen und das Göttliche in uns zu verwirklichen, ist unsere höchste Pflicht.«* Schlussendlich bezeichnete der Psychoanalytiker Carl Gustav Jung die Seele als »das größte aller kosmischen Wunder«.

Dass die Seelen vom Schöpfergott geschaffen wurden, ist Teil des menschlichen Urwissens. So lautet schon die erste der sieben Weisheiten des Zarathustra: *»Jede Seele ist das Kind Gottes und kehrt zu ihrem Vater zurück.«*

Epiktet griff diese göttliche Abstammung auf, als er äußerte: *»Wie stolz wärest du, wenn der Kaiser dich adoptieren würde. Wenn du dich aber als das Kind der Gottheit erkennst, hast du da nicht tausendmal mehr Grund, stolz zu sein?«*

O. S. Marden führte diesen Gedanken weiter aus, als er äußerte: *»Wir sind Söhne und Töchter der Allmacht und haben die Eigenschaften unseres Schöpfers mit übernommen. Was Dir auch geschehen möge, vergiss nicht: Es ist etwas in Dir, das größer ist als jedes Schicksal, das Dich über jede Bestimmung zu erheben vermag. Du bist Deine eigene Bestimmung.*

Es ist ein Gott in Dir, mein Freund. Alle Macht ist Dein; Du befindest Dich an der Quelle der All-Fülle. Habe eine hohe Meinung von Dir, lerne Deine Fähigkeiten schätzen und achte Dich selbst – nicht aus Selbstüberschätzung oder Selbstsucht, sondern in Erkenntnis Deiner herrlichen Erbschaft göttlicher

Eigenschaften. Was Du von Dir, von Deinen Fähigkeiten und Deiner Zukunft denkst und glaubst, das wird Dir werden. Was Du von Dir erwartest, das webt sich in Dein Leben hinein.«

Sehen Sie sich bitte das letzte Zitat noch einmal an und achten Sie auf den Satz: »Es ist ein Gott in Dir, mein Freund.« Genau das ist es nämlich, was Jesus uns klarmachen wollte, als er sagte: *»Ich und der Vater sind eins ...«* Dieser Satz gilt jedoch nicht nur für Jesus, sondern für jeden Einzelnen von uns. Das Glück und das Göttliche, das wir alle bewusst oder unbewusst suchen, sind nicht irgendwo im Äußeren zu finden, sondern tief in unserem Inneren.

Die zweite Wahrheit des Zarathustra lautet: *»Jede Seele ist wie ihr Vater unsterblich.«* Die Seele – das Zentrum unseres Seins – ist im Gegensatz zum menschlichen, physischen Körper unvergänglich. Daher hat sie auch keine Angst vor dem Tod, denn sie weiß, dass es so etwas wie den Tod überhaupt nicht gibt. Wenn die Seele mit ihrem Bewusstsein den Körper verlässt und der Körper zerfällt, geht die Seele zu ihrem Ursprung zurück.

Dabei weiß die Seele zu jeder Zeit darüber Bescheid, dass sie unsterblich ist, sie überblickt ihre gesamte Existenz. Sie kennt das »Davor« und das »Danach« unseres Erdenlebens – also die Antwort auf das »Woher« und das »Wohin«. Nur wir Menschen mit unserem eingeschränkten Denken vermögen das nicht.

Die Seele ist sich zu jeder Zeit vollkommen bewusst darüber, dass sie ein feinstoffliches Wesen ist, welches eine konkrete Erfahrung in der grobstofflichen, materiellen Welt machen will. Andere Teile von uns Menschen haben das Problem mit dem so genannten Sterben – unsere Persönlichkeit und unser Ego. Die sind nämlich diejenigen, die vom Tod bedroht sind.

Die ausschließliche Identifikation der Menschen mit ihrem Körper ist ein zentrales Problem. Von der modernen Zivilisation propagiert, macht sie es für viele Menschen so schwer, zusehen zu müssen, wie ihr Körper altert. Es erinnert an die physische Vergänglichkeit. Die Identifikation mit dem Körper verursacht für die Menschen die Angst vor dem Sterben, denn weil die Menschen es nicht besser wissen, sind sie der Meinung, dass mit dem physischen Tod des Leibes die gesamte Existenz zu Ende sei. Was aber nicht stimmt.

Bevor wir nun die genauen Zusammenhänge zwischen Seele, Körper und Persönlichkeit erläutern, wollen wir uns die Frage stellen, warum eine Seele überhaupt inkarniert (lat. = ins Fleisch gehen).

Wenn eine Seele hierherkommt, tut sie das in Erwartung einer glücklichen Lebensentwicklung und des eigenen Wachstums. Also könnte man behaupten, dass das Ziel des Lebens darin besteht, ein glückliches Leben zu führen und Erfahrungen zu sammeln. Doch um glücklich sein zu können, muss man unter anderem Selbstvertrauen besitzen – und genau das ist für viele Menschen in der heutigen Zeit so schwer. Nachdem die Menschen ihre Rückbindung zur Urquelle verloren haben oder leugnen, hat sich über einen Großteil der Menschheit ein Schleier des Unwertseins gelegt.

Die Menschen haben die spirituelle Sicht der Dinge verloren und bewegen sich gedanklich ausschließlich in der materiellen Welt. Indem sie sich aber auf die materielle Welt fokussieren, lassen sie sich von ihr gefangen nehmen. So verlieren die Menschen das Gefühl der Realität als spirituelle Wesen. Sie haben

Gott vergessen, und damit, wer sie wirklich sind. Wenn sich die Menschen besinnen würden, dass sie die Kinder Gottes sind, dann würden sie auch erkennen, dass kein Mensch über einem anderen steht und dass eine göttliche Gleichheit existiert. Dieses Wissen würde helfen, Vertrauen und Selbstvertrauen aufzubauen und ein erfülltes Leben zu führen.

Um die Zusammenhänge zwischen Seele, Geist und Körper zu verstehen, sehen wir uns folgende Grafik an:

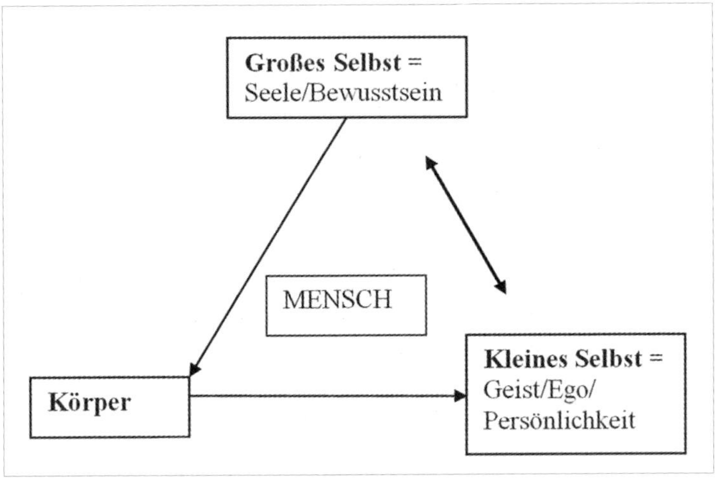

Abb. 2

Beginnen wir bei der Seele. Egal, ob Mensch oder Tier, in jedem Lebewesen steckt eine Seele, oder anders ausgedrückt: jedes Lebewesen ist beseelt. Jede einzelne Seele wurde vom Schöpfergott geschaffen.

Unsere Seele wird manchmal auch unser »großes Selbst« genannt und stellt unser innerstes Sein dar. Sie besteht aus reiner Energie und ist unsere geistig-spirituelle Verbindung zur feinstofflichen Welt. Wenn eine Seele mit einem menschlichen Körper verbunden ist, empfindet sie Emotionen wie Spaß und Freude, aber auch Schmerz und Trauer. Sie gleicht einer energetischen Datenbank, in der alle gemachten Erfahrungen abgespeichert werden.

Der Sitz der Seele ist nahe dem physischen Herzen. In fernöstlichen Ländern wird dieser Ort auch das Herzchakra genannt. Eingeweihte Indianer nennen den Weg der Seele aus diesem Grund auch den ›Weg des Herzens‹.

In unserer technisierten Gesellschaft wird das Herz meist nur als eine mechanische Pumpe angesehen. In unserem Sprachgebrauch finden sich aber eine Menge Hinweise darauf, dass die Menschen seit jeher dem Herzen eine viel höhere Bedeutung beimessen. Wir bedanken uns mit den Worten »herzlichen Dank«, heißen jemanden »herzlich willkommen«, schenken »von Herzen«, schätzen die »Warmherzigkeit« und »Barmherzigkeit« unserer Mitmenschen, und geringschätzen ein »herzloses Verhalten«. Das Herz wird symbolisch mit dem Gefühl der Liebe gleichgesetzt und so verwundert es auch nicht, dass das Herz als Symbol der Liebe auserkoren wurde.

Tatsächlich ist die eigene Seele der Ort, wo die Menschen wahre Liebe erfahren können. Was man als Liebe von anderen Menschen kennt, ist nicht wahre Liebe – das sind Emotionen, sexuelles Verlangen und alle denkbaren Arten von unsicheren Verurteilungen – aber das ist alles, was man von anderen Menschen bekommen kann. Wer wahre Liebe erfahren will, findet diese nur bei Gott oder seiner Seele – und diese Liebe nährt, wenn wir es zulassen, jede einzelne Faser unseres Körpers.

Die Seele liebt den Menschen ohne Bedingungen und Vorbehalte. Obwohl sie die mächtigste Instanz im Körper darstellt, stellt sie keine Forderungen und zwingt dem Menschen nichts auf. Vielmehr schenkt sie dem Menschen den freien Willen zu entscheiden und will schlussendlich nur das Beste.

Wir Menschen erfahren die Seele durch unsere »innere Stimme«, unser falsch lokalisiertes Bauchgefühl. Wir nennen es »Gewissen«, wenn uns unsere Seele auf eine unserer Handlungen aufmerksam macht, welche nicht wirklich in unserem Interesse liegt.

Unsere Seele ist der Ursprung unserer Gefühle. Wenn wir »fühlen«, treten wir in Verbindung zu unserer Seele, nicht wenn wir »denken« oder »analysieren«. Das Denken, oder der Geist, ist der Ursprung der Emotionen. Die Gefühle kommen von der Seele, und über diesen Weg der Gefühle können wir in Kontakt zur Seele treten.

Alles, was wir für ein erfülltes und glückliches Leben benötigen, finden wir in unserem Inneren. Der heilige Augustinus sprach: *»Tu erras intus; ego autem foras«,* was frei übersetzt so viel bedeutet wie: »Während du, mein Gott, in mir warst, suchte ich dich außerhalb meiner selbst.«

Unsere materialistische, glitzernde Umwelt lockt uns in die Materie, ins Äußere, und lenkt uns vom Wichtigen, unserem Inneren, ab. Wir verbringen die meiste Zeit des Tages »außer uns« und vergessen, wie wichtig es für uns wäre, in uns zu gehen. Es ist wichtig zu verstehen, dass alles, was wir im Äußeren zu finden glauben, in unserem Inneren zu finden ist.

Wenn viele Menschen ein unerfülltes Leben führen, dann zum großen Teil deshalb, weil sie das Glück im Äußeren suchen anstatt im Inneren. *Das Glück wartet in uns – hier und jetzt.*

Dies brachte auch Jesus zum Ausdruck, als er sprach: *»Wenn ihr das hervorbringt, was in euch ist, dann wird das, was ihr habt, euch retten. Wenn ihr es nicht hervorbringt, wird das, was ihr habt, euch zerstören.« (Thomasevangelium 70. Spruch)*

Wie wir bereits wissen, erschafft die Seele, von manchen auch Götterfunke genannt, mit ihrem Bewusstsein den physischen, menschlichen Körper und drückt durch diesen Körper ihre Existenz in der physischen Welt aus (Abb.2). Jede Seele schafft ihren Körper genau so, wie er sein soll. Jeder Körper ist zu 100 % perfekt für die Ansprüche und Bedürfnisse der Seele.

Das bedeutet aber nicht, dass der Mensch perfekt ist. Der Mensch kann und darf nicht perfekt sein. Würde er perfekt sein, hätte er keine Möglichkeit mehr zu wachsen. Wir Menschen brauchen Fehler, um zu wachsen und uns weiterzuentwickeln. Jemand, der keine Fehler macht, hat aufgehört zu leben, weil er in seinem Leben kein Wachstum mehr erfahren kann. Deshalb tun sich Perfektionisten auch so schwer im Leben. Wer sich nur auf bekanntem Terrain bewegt und dort jeden Fehler vermeidet, hat keine Chance, sich weiterzuentwickeln.

Der Körper ist für die Seele von ähnlich hoher Bedeutung wie die Seele für den Körper. Aus diesem Grund war für Wissende immer schon klar, dass der Körper der »Tempel der Seele« ist. So kann man in den alten Schriften vielfach lesen, dass der Leib des Menschen den Tempel seiner Seele darstellt. An verschiedenen Stellen kann man auch lesen, dass der Tempel der Seele »rein und heilig zu halten sei«. Warum das Gleichnis mit dem Tempel? Weil schon Jesus lehrte, dass das Göttliche nicht in einem äußeren Gebäude zu finden ist, sondern in unserem Inneren; also innerhalb unseres Tempels – dem Sitz unserer Seele.

Wo liegt der hohe Wert des Körpers für die Seele? Der physische Körper versetzt die Seele in die Lage, in der physischen Welt körperliche Erfahrungen zu machen. Unser »sechster Sinn« (die Seele) kann durch den physischen Körper Erfahrungen innerhalb der uns Menschen verfügbaren 5 Sinne machen. Der Körper verleiht der Seele die physische Gestalt und ermöglicht ihr, Dinge zu berühren, zu spüren und vor allem – zu bewegen.

Die Seele kreiert einen Körper, um durch ihn Erfahrungen in der Grobstofflichkeit zu machen und damit zu wachsen. Die Seele ist es, welche sich durch unsere Erlebnisse und Erfahrungen weiterentwickelt. Wenn sie sich am Ende des Lebens vom Körper trennt, kann sie all das Wissen und die Erfahrungen als Energie mit sich nehmen.

Des Öfteren schon wurde von Wissenschaftlern der Versuch unternommen, den Wert des Körpers in Geld auszudrücken. Während die einen den Wert der chemischen Bestandteile addieren und auf einen Wert von wenigen Euro kommen, kalkulieren die anderen den Wert der Vernetzung der Nervenbahnen und kommen so auf eine Summe von über hundert Millionen Euro. Doch dieser Versuch, dem Körper ein Preisschild aufzukleben, ist sinnlos, denn der Umstand, der unserem physischen Leib den hohen Wert verleiht, ist einzig und allein die Tatsache, dass es ohne ihn keine physische Lebenserfahrung geben würde.

Wenn es nun etwas in uns gibt, das göttlicher Natur ist, so existiert in uns aber auch etwas, das diesem hohen Anspruch nicht gerecht wird. Das »große Selbst« – Seele und Bewusstsein – befähigt den Körper nämlich, das »kleine Selbst« – Geist, Persönlichkeit und Ego – auszuprägen; und dies ist der Beginn von oft missverstandenen Vorgängen und Zusammenhängen (Abb.2).

Wir werden nämlich nicht mit einer Persönlichkeit geboren. Die Persönlichkeit wird erst nach der Geburt geformt – von der Gesellschaft, der Kultur, von der Religion, durch Interaktion mit den Mitmenschen. Dies geschieht normalerweise bis zum achten Lebensjahr. Daher sind diese ersten Jahre so wichtig für unsere Entwicklung.

Das »kleine Selbst« entwickelt sich in dieser Zeit zum Gegenspieler des »großen Selbst« und schafft somit die Spannungen und Probleme in unserem Leben. Nachdem die Seele dem Menschen den freien Willen gewährt, darf, kann und muss dieser entscheiden, auf was er hört; die leise innere Stimme des »großen Selbst« – der Seele, oder das permanente, laute Geplapper des »kleinen Selbst« – des Geistes und des Egos. Die Seele gibt dem Menschen auch zu einem gewissen Grad die Freiheit, die Ansprüche des »kleinen Selbst« zu befriedigen, auch wenn dies auf Kosten der Entwicklung geht.

Auf der anderen Seite sind Geist und Ego alles andere als selbstlos. Sie unternehmen alles in ihrer Macht stehende, um an die Kontrolle über den Menschen zu gelangen. Dies passiert dann, wenn der Mensch sich mit dem Körper und der Materie identifiziert und sich seiner wahren, spirituellen Herkunft als Kind Gottes nicht mehr bewusst ist.

Das »kleine Selbst« macht die Menschen glauben, das einzig Existente zu sein. Wenn es diesem »kleinen Selbst« gelingt, den Menschen davon zu überzeugen, dass dieser Weg der einzig mögliche ist, kann es die Sicht des Menschen dahingehend einschränken, dass der Mensch gar nicht mehr im Stande ist, die Gesamtheit seines Seins wahrzunehmen. Die Menschen begnügen sich dann mit dem Materiellen und können das Spirituelle nicht mehr sehen.

Die so oft beschriebene Dualität (die Getrenntheit von Gott) existiert in Wirklichkeit nicht. Denken wir doch an die Singularität. Wir sind über unsere Seele immer direkt mit dem Schöpfergott und der spirituellen Welt verbunden.

Die Getrenntheit entsteht in uns – hervorgerufen durch das »kleine Selbst«. Dieses unternimmt alles Erdenkliche, um unsere Verbindung zum Göttlichen zu untergraben. Es errichtet Hindernisse und Barrieren, um uns vom »großen Selbst« getrennt zu halten. Anstatt der Helfer des »großen Selbst« zu sein, schwingt sich das »kleine Selbst« auf, um sich an den Platz seines Herrn zu stellen.

Wenn dies erst einmal geschehen ist, und das »kleine Selbst« die Kontrolle über den Menschen erobert hat, wird es immer die Entscheidungen treffen, die ihm die Macht bewahren. Hat das »kleine Selbst« es an den Platz des Regenten geschafft, wird es schnell zum Despoten. Es unterdrückt und versklavt den Menschen. Es veranlasst ihn zu urteilen und zu vergleichen – und schafft damit Unzufriedenheit und zerstört das Selbstvertrauen. Der Todesstoß für die Lebensfreude.

Es verschleiert die wahren Zusammenhänge des Lebens und hält den Menschen im Labyrinth des Materiellen gefangen. Geist und Ego zwingen den Menschen, ihre höchst eigenen Bedürfnisse zu befriedigen, und verlangen Huldigung. Sie halten die Aufmerksamkeit des Menschen auf Äußerlichkeiten gerichtet und veranlassen den Menschen, sein Glück im Physischen zu suchen.

Mit dem Größenwahn des »kleinen Selbst« lassen sich sehr viele Dinge im Leben erklären. Seit nun schon mehr als dreihundert Jahren herrscht in der westlichen Zivilisation der Glaube, dass der Geist die alles beherrschende Größe sei. Schon

Descartes verwechselte die Begriffe Geist/Ego und Seele, als er die These einer mechanischen Welt aufstellte. Dabei war es sein eigenes Ego, das ihm die vollständige Sicht der Dinge versperrte und ihn glauben machte, dass es die Seele nicht gibt. Alle, die ihm Recht geben, werden jeweils vom eigenen Ego, aus dem gleichen Grund, daran gehindert, die Wahrheit zu erkennen.

Descartes begrub das alte Wissen, dass die Seele und der Körper den Geist hervorbringen, und betrachtete stattdessen den Körper als eine mechanische Maschine. Doch nicht nur der Mensch, auch Pflanzen und Tiere – ja die gesamte Existenz verlor ihren geistigen Wert und wurde zu seelenlosen Wesen degradiert. Der feinstofflichen Welt, welche allgegenwärtig ist, wurde die Existenz abgesprochen und sie gelangte seither in Vergessenheit. Wer heute davon spricht, wird mitleidig belächelt und als Träumer oder Phantast abgetan.

Die radikale Ansicht Descartes gilt heute als verbindliche Doktrin in unserer Gesellschaft. Dieser Stempel wird Kindern von klein auf aufgedrückt und Descartes Philosophien gelten im späteren Lebensverlauf als angeblich »gesichertes Wissen«.

Sehen Sie sich doch einmal um. Genau dieses materielle Denken können wir in unserer Gesellschaft millionenfach beobachten. Es ist der Nährboden für das zügellose Streben nach Macht und Geld, für den Konsumwahn, den ungebremsten Materialismus, den Turbokapitalismus. Das Streben der Menschen richtet sich heutzutage nach Designerklamotten, Schönheitsoperationen, teuren Autos und Hightechspielzeug. All dieser materielle Krempel, der die Aufmerksamkeit auf sich zieht und der es am Ende des Tages doch nicht vermag, den Menschen die erhoffte Befriedigung zu verschaffen.

Der Mensch begeistert sich für das glitzernde Gerümpel unserer sozialisierten Gesellschaft. Er rennt so schnell er kann, um all die Statussymbole zu besitzen – bis er unglücklich, ausgelaugt und müde ist. Was dann bleibt, ist nur mehr die Leere. Dann schluckt er Tabletten oder trinkt Alkohol, um sich zu betäuben.

Doch viele Menschen merken instinktiv (wegen der leisen inneren Stimme), dass die Materie nicht alles ist. So verkommt das Leben der meisten Menschen zum unbewussten Kampf des wahren Seins mit dem Größenwahn des »kleinen Selbst«. Das »kleine Selbst« erlegt dem Menschen Schranken auf und behindert ihn daran, zu erkennen, wer er wirklich ist und was im Leben von wahrer Bedeutung ist. Es trübt den Blick auf das wahre Ziel des Lebens und hält die Menschen an der Oberflächlichkeit des Seins.

Das »kleine Selbst« ist aber nicht nur despotisch, sondern auch feig. Anstatt die Verantwortung für seine Taten zu übernehmen, schiebt es die Schuld gerne anderen zu, wenn nach dem Gesetz von Ursache und Wirkung gilt zu ernten, was es selbst gesät hat. Dann wird die Schuld auf andere projiziert – im schlimmsten Fall sogar auf Gott, der zulässt, dass es einem plötzlich so schlecht ergeht. Doch, wie wir noch sehen werden, greift dieser nicht in den freien Willen des Menschen ein – auch dann nicht, wenn es darum geht, die Ernte der eigenen Aussaat einzufahren.

Gibt es eine Lösung für dieses Dilemma?

Ja, diese gibt es. Es gibt eine Möglichkeit, das »kleine Selbst« zu überwinden. Die Lösung lautet: Selbsterkenntnis und aufrichtige Demut. Nicht zu verwechseln mit dem Gefühl, unwürdig zu sein. Sondern sich zu besinnen, wer man wirklich ist, woher man stammt und sich der eigenen Stellung als Kind Gottes bewusst zu werden. Wer es schafft, dem »kleinen Selbst« die Stellung als Diener zuzuweisen, die ihm gebührt, erfährt etwas Wundervolles.

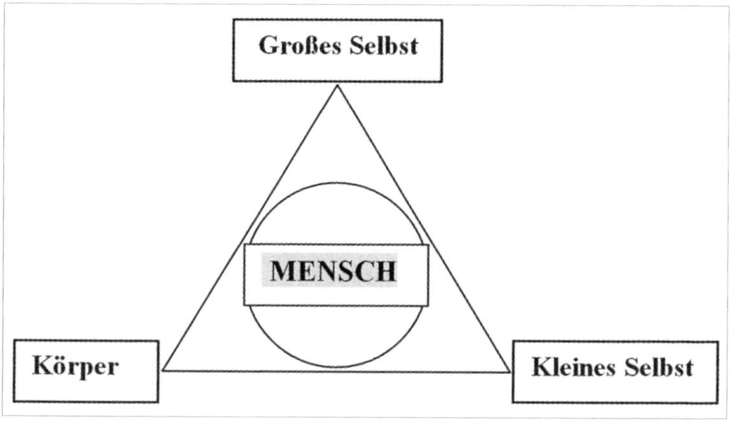

Abb.3

Wenn das »große Selbst« gebeten wird, seinen ursprünglichen Platz einzunehmen, und das »große Selbst« und das »kleine Selbst« beginnen, synchron zu agieren, schließt sich das Dreieck der menschlichen Dreifaltigkeit und der Mensch wird zum »bewussten Ausdruck seiner Seele« (Abb. 3). Indem Seele, Körper und Geist in Harmonie gelangen, ebnet sich der Weg für ein harmonisches und erfülltes Leben, und der Mensch erlangt Zugang zum Wissen seiner Seele und damit zum universellen Wissen.

Wer es schafft, diesen Weg zu gehen, kommt in die Lage, die Wahrheit zu erkennen. Und diese lautet:

Jeder Mensch ist ein Kind Gottes, welches unendlich geliebt wird und welches von großem Wert für den Schöpfergott ist.

Das Gesetz der Wiederverkörperung

Nachdem wir im letzten Kapitel die Frage »Wer bin ich?« geklärt haben, wollen wir uns daranmachen, die Fragen zu klären »Woher komme ich?« und »Wohin gehe ich?«. Sobald es uns möglich ist, diese beiden Fragen vollständig zu beantworten, werden wir auch in der Lage sein, die Frage »Warum bin ich hier?« zu beantworten – also eine Antwort auf die eigentliche Frage nach dem Sinn des Lebens zu finden.

Das Gesetz der Wiederverkörperung wird auch die Lehre von der Reinkarnation genannt. Diese findet in der westlichen Welt kaum Beachtung, doch mehrt sich die Zahl derer, welche sich nach dem Befassen mit diesem Thema für die Existenz der Reinkarnation aussprechen. Wir wollen uns in diesem Kapitel alle Pros und Kontras ansehen und dieses Thema von Grund auf erörtern.

»Woher komme ich?«

Beginnen wir mit der Frage »Woher komme ich?«. Wenn man sich mit der Wissenschaft und den großen Religionen auseinandersetzt, bekommt man auf diese Frage drei verschiedene Antworten:

1. Antwort: Alle Lebewesen entstanden durch »Zufall«, das Denken ist nur eine Folge der Größe unseres Gehirnes

und wir leben, weil wir im Stande sind zu denken – so wird es von der Wissenschaft propagiert.

2. Antwort: Die »creatio ex nihilo« – also die Schöpfung der Seele aus dem Nichts, welche uns Judentum, Christentum und Islam anbieten, oder

3. Antwort: Die »Präexistenz der Seele« – welche in Grundzügen auch vom Buddhismus und Hinduismus dargestellt werden.

Die Antwort der Wissenschaft wollen wir hier nur der Vollständigkeit halber erwähnen, denn wie wir bereits gesehen haben, sind diese Theorien auf keiner Stufe bewiesen.

Beschäftigen wir uns mit den interessanteren Antworten. Die Theorie der »creatio ex nihilo« besagt, dass wir aus dem Nichts kommen. Demzufolge würde Gott eine Seele für jeweils ein Menschenleben schaffen. Vor diesem, unserem Leben existierten weder die Seele noch wir.

Gibt es Indizien für die Richtigkeit dieser Annahme? Das Einzige, was man als Argument finden kann, ist, dass sich die Menschen nicht daran erinnern könnten, dass sie vor diesem Leben ein anderes gelebt hätten. Doch wie weit reicht unsere Erinnerung tatsächlich zurück? Im Vertrauen gefragt, können Sie sich an ihre eigene Geburt bewusst erinnern? Ja? Nein? Wenn nicht, gehören sie zu den 99,999 % der Erwachsenen, die über keinerlei Erinnerung an ihre Geburt verfügen.

Doch wie können Menschen erwarten, sich an etwas zu erinnern, was lange Zeit vor ihrer Geburt geschehen sein musste, wenn sie nicht einmal im Stande sind, sich bewusst an ihre physische Geburt in dieser Inkarnation zu erinnern?

Es gibt keinen schlagenden Beweis für die »creatio ex nihilo«, diese These beruht rein auf dem Glauben der Menschen. Arthur Schopenhauer (1788-1860) bemerkte dazu: *»Wenn mich ein Asiate früge, was Europa sei, so müsste ich ihm antworten: Es ist der Weltteil, der gänzlich von dem unerhörten und unglaublichen Wahn besessen ist, dass die Geburt des Menschen sein absoluter Anfang und er aus dem Nichts hervorgegangen sei.«*

Wenden wir uns der dritten Antwort zu und sehen wir, ob wir Indizien für die »Präexistenz der Seele« finden können. Diese besagt ja, dass unsere Seele lange vor unserer jetzigen Inkarnation geschaffen wurde und dass unser jetziges Erdenleben nicht unbedingt das erste ist.

Gibt es Indizien für die Richtigkeit dieser Aussage? Wenn man sich mit dem Thema der Reinkarnation beschäftigt, stößt man relativ rasch auf zwei Fakten, die man als Beweis für die »Präexistenz der Seele« heranziehen kann. Erstens: Kinder erinnern sich spontan und bewusst an frühere Leben, und zweitens: Aussagen von Menschen im Zuge einer Rückführungstherapie.

Es ist seit jeher bekannt, dass es hellsichtige Kinder gibt; Kinder, die Zugang zu universellem Wissen haben. Diese wenigen außergewöhnlichen Kinder stehen einer großen Anzahl von Kindern gegenüber, die zwar nicht über so bemerkenswerte Fähigkeiten verfügen, dennoch einen beachtlichen Zugang zur feinstofflichen Welt besitzen. Viele dieser Kinder können sich spontan bewusst an ein oder mehrere Vorleben erinnern und verfügen über unglaubliches Detailwissen, diese früheren Leben betreffend.

Anhand dieser detaillierten Angaben kann die Richtigkeit ihrer Aussagen dann auch überprüft werden. *»Die Zahl der Menschen und insbesondere der Kinder, die von selbst einzelne Erinnerungen an frühere Inkarnationen besitzen, ist wesentlich größer, als allgemein vermutet wird. Allerdings werden solche Erinnerungen in unserer Kultur häufig nicht erkannt oder als drohende Anzeichen von Geisteskrankheit angstvoll verschwiegen und verdrängt«,* erklärt Dethlefsen und führt weiter aus: *»Ähnlich ergeht es Kindern, die speziell in den ersten sechs Lebensjahren noch häufig einen recht guten Zugang zur Vergangenheit haben. Entsprechende Erzählungen werden den Kindern meist von den Eltern aus Angst und Unverständnis verboten, was zur Verdrängung des gesamten Komplexes führt. Etwa mit dem sechsten Lebensjahr verschwinden diese Eindrücke aus der Vergangenheit bei den Kindern meist von selbst.« [17]* Spätestens mit dem Eintritt ins Schulalter, und der damit verbundenen einseitigen Betonung der linken Gehirnhälfte, wird den Kindern diese Fähigkeit genommen.

Anders liegt die Sache in Kulturen, in denen die Reinkarnation anerkannt ist. Dort wird solchen Erzählungen der Kinder Aufmerksamkeit geschenkt und sehr häufig helfen die Eltern den Kindern, noch lebende Verwandte aus einer früheren Inkarnation wiederzufinden. In solchen Kulturen ist die Häufigkeit der kindlichen Erinnerungen an frühere Leben jedoch so groß, dass keine große Sache daraus gemacht wird. Mit einer Ausnahme – der Suche nach der Reinkarnation des Dalai Lama in Tibet.

Es gibt westliche Reinkarnationsforscher, denen es gelungen ist, anhand von detaillierten Angaben von Kindern, Orte und Personen aus deren Vorleben ausfindig zu machen. Da die Erzählungen der Kinder so detailgetreu waren, hielten sie sogar wissenschaftlichen Vorgaben stand, und so kann man diese Beweise getrost als »wissenschaftlich bewiesen« bezeichnen. Sollten Sie sich für dieses Thema im Speziellen interessieren, empfehle ich ihnen die Bücher *Reincarnation and Biology* von Professor Stevenson, oder *Reinkarnation aktuell – Kinder beweisen ihre Wiedergeburt* von Trutz Hardo.

Bei der Rückführungstherapie wird einer Versuchsperson unter Hypnose aufgetragen in ihrer Erinnerung zurückzugehen. In Etappen lässt der Therapeut Ereignisse aus der aktuellen Inkarnation erzählen. Ist die Versuchsperson an der allerersten Erinnerung dieses Lebens angelangt, bekommt sie den Auftrag, sich in der Erinnerung noch weiter zurückzuversetzen, bis sie an irgendwelche Erfahrungen stößt. An dieser Stelle beginnen sehr viele Personen damit, detaillierte Erlebnisse aus früheren Leben zu schildern. Leben aus längst vergangenen Zeiten und teils an fernen Orten.

Zum Teil sind die Versuchspersonen dabei in der Lage, fremde Sprachen zu sprechen, deren sie in diesem aktuellen Leben gar nicht mächtig sind. Auch das Vokabular und die Sprachmelodie verändern sich. In ihren Erzählungen sind die Versuchspersonen derart genau im Detail, wobei sie Orte und Zeitepochen beschreiben, von denen sie bei vollem Bewusstsein über keinerlei Informationen verfügen. Die Wissenschaft hat immer wieder versucht solche Rückführungen zu diskreditieren. Obwohl die Beweise auf der Hand liegen, ist die Wissenschaft nicht bereit, diese auch nur ansatzweise anzuerkennen. Was aber vollkommen logisch ist, denn wenn sie es täte, müsste sie ihr gesamtes, mechanisches Weltbild korrigieren – und dies kommt nicht in Frage, denn damit würde die Wissenschaft ihre Machtstellung in unserer Gesellschaft verlieren.

Interessanterweise ist in letzter Zeit das Thema Rückführungen verstärkt in den Medien aufgetreten und die Versuche der Journalisten legten die Meinung nahe, dass die Kritik aus dem Eck der Wissenschaft absolut ins Leere zielt und nur dem Selbstzweck dient.

Wenn man sich nun angesichts der vorliegenden Informationen nochmals die Frage »Woher komme ich?« stellt, kann man eindeutig erkennen, dass alle Indizien auf die Richtigkeit der dritten der angebotenen Möglichkeiten deuten – also auf die Präexistenz der Seele. Dies bestätigt auch, dass das Urwissen der alten Kulturen kein Aberglaube ist, sondern der Realität entspricht – auch wenn dies bestimmten Menschen heutzutage ein schmerzender Dorn im Auge ist.

»Wohin gehe ich?«

Wenden wir uns daher der Frage »Wohin gehe ich?« zu. Diese Frage beschäftigt weit mehr Menschen, denn in dem Augenblick, da uns unsere Mutter das Leben schenkt, gibt sie uns auch den sicheren physischen Tod mit auf den Weg. Die Angst der Menschen vor dem Sterben ist umso größer, je geringer das Wissen über dieses Thema ist. Daher wollen wir uns an dieser Stelle mit dem Tod und der Frage »Wohin gehe ich?« auseinandersetzen.

Wenn sich jemand die Frage stellt »Was geschieht im Augenblick und nach meinem körperlichen Tod?«, bieten sich ihm drei Möglichkeiten an:

1. Alles aus; Nichts; das endgültige Ende von allem.
2. Paradies, Hölle oder Fegefeuer nach nur einem Leben.
3. Seelenwanderung, auch Metempsychose genannt.

1. Der Tod als das endgültige Ende von allem

Laut wissenschaftlichen Theorien stellt ein Mensch, oder jedes andere Lebewesen, nichts anderes dar als eine temporäre Kombination von chemischen Verbindungen, welche sich für eine bestimmte Zeitspanne zu einem Lebewesen formen. Diese sich »selbst formende« Materie prägt unter anderem ein Gehirn aus, welches sich ob seiner Größe dazu eignet, Gedanken, Gefühle, Wünsche und Träume hervorzubringen. Der physische Körper bleibt so lange bestehen, bis er aufgrund eines mechanischen Defektes zu Grunde geht – also: Maschine kaputt.

Nach dem physischen Tod lösen sich alle Bestandteile des Körpers in seine Einzelteile auf. Physikalisch gesehen geht eine materielle Seinsform in viele andere materielle Formen über. Nach dem Energieerhaltungsgesetz bleibt dabei die Summe der Einzelteile immer gleich. Nichts von dem, was vorher physischen Bestand hatte, bleibt in gleicher Form übrig – auch nicht der Geist. Die unsterbliche Seele wird von der Wissenschaft ja nicht anerkannt.

Doch die Wissenschaft bleibt bis heute eine Antwort auf die Frage schuldig, was das ordnende Prinzip eines Lebewesens sein könnte – was die chemischen Bestandteile zeitlebens dazu veranlasst, eine physische Einheit zu bilden. Ist es möglich, dass dieses ordnende Prinzip, das wir Seele nennen, einfach aufhört zu existieren?

Den Physikern ist bewusst, dass nach dem Energieerhaltungsgesetz keine Energie im Universum verloren gehen kann. Warum sollte dies dann ausgerechnet mit den Seelen passieren? Genau das brachte der Physiker Werner Freiherr von Braun zum Ausdruck: *»Die Wissenschaft hat herausgefunden, dass nichts spurlos verschwinden kann. Wenn nun Gott dieses fundamentale Prinzip gebraucht, wenn es um den kleinsten und unbedeutendsten Teil des Universums geht – ist es dann nicht logisch, damit zu rechnen, dass er dieses Prinzip auch anwendet, wenn es um das Meisterwerk seiner Schöpfung geht, um den Menschen?«*

2. Paradies, Hölle oder Fegefeuer nach nur einem Leben

Die zweite Möglichkeit wird uns von den westlichen Religionen angeboten. Demnach wird zumindest dem Menschen eine Seele zugebilligt, die zu Beginn seines physischen Lebens von Gott geschaffen wird. Jedem Menschen wird daraufhin von Gott ein einziges physisches Leben auf Erden geschenkt. Innerhalb dieses physischen Lebens kann sich der Mensch frei entscheiden, wie er zu leben gedenkt. Nach Ablauf dieses Lebens wird über die Zukunft der Seele entschieden. Der Mensch muss vor den Richterstuhl Gottes treten und Rechenschaft für seine guten und schlechten Taten auf Erden ablegen. Dieses Gericht entscheidet dann unwiderruflich, ob die Seele ins ewige Paradies darf oder ewiger Höllenqualen ausgesetzt wird.

Nun wissen wir aber bereits, dass alles, was im Universum existiert, auf dem Licht und der Liebe Gottes basiert. Wie könnte es dann sein, dass dieser liebende Gott über die Menschen Gericht halten würde? Das widerspräche allen universellen Gesetzen. Es gibt keinen zürnenden oder strafenden Gott, dies ist eine Erfindung der Religionen, um die Menschen zu unterdrücken. Wenn man nach Beweisen für oder gegen die Existenz von Himmel und Hölle als Endstation sucht, dann findet man keine, die dafürsprechen, außer jenen, die die Vertreter der Religionen in die so genannten »heiligen Schriften« geschrieben haben.

Niemand hat jemals einen Beweis erbracht für ein jüngstes Gericht, denn das ist ein Schauermärchen. Menschen, die ein Nahtoderlebnis hinter sich haben, berichten etwas ganz anderes. Damit wollen wir uns gleich befassen. Stellen wir zuerst noch die Frage, was gegen die Theorie von Himmel und Hölle nach nur einem Leben spricht. Dabei stoßen wir wieder auf die Präexistenz der Seele. Wenn sich Menschen bewusst an frühere Leben erinnern können oder mit Hilfe der Rückführungstherapie Erinnerung an frühere Leben erlangen können, ist das ein zwingender Beweis dafür, dass die Theorie von Himmel und Hölle falsch ist.

3. Seelenwanderung

Gemäß der Seelenwanderung, auch Wiederverkörperung oder Reinkarnation genannt, überdauert die unsterbliche Seele den physischen Tod. Wie die Geburt des Menschen nicht sein Beginn ist, so ist der Tod auch nicht sein Ende. Der physische Körper stirbt in dem Augenblick, in dem die Seele mit ihrem Bewusstsein ihn verlässt und die Verbindung über die Silberschnur abreißt. Einige Minuten nachdem dieses ordnende Prinzip nicht mehr mit dem Körper verbunden ist, beginnt der Zerfallsprozess. Die Seele ihrerseits schafft sich nach einer gewissen Zeit wieder einen neuen Körper in jener Beschaffenheit, die für ihre Zwecke optimal ist.

Das bedeutet, dass unser jetziges Erdenleben eines von vielen in einer langen Reihe von Leben ist. Wir haben vor unserer physischen Geburt in anderen Körpern gelebt und werden dies nach unserem physischen Tod wieder tun.

Die Lehre von der Reinkarnation ist quer über den Erdball verbreitet. Arthur Schopenhauer schreibt dazu: *»Wir finden die Lehre von der Metempsychose [=Seelenwanderung], aus den urältesten und edelsten Zeiten des Menschengeschlechts stammend, stets auf der Erde verbreitet, als den Glauben der großen Majorität des Menschengeschlechts, ja, eigentlich als Lehre aller Religionen, mit Ausnahme der jüdischen und der zwei von dieser ausgegangenen.«* Sprich: Judentum, Christentum und Islam.

Sehen wir uns einmal an, was für die Reinkarnation spricht:

- Präexistenz der Seele
- Initiation
- Nahtoderlebnisse
- Ägyptisches und Tibetisches Totenbuch

Die Präexistenz der Seele ist hinlänglich bewiesen, obwohl sich gewisse Interessengruppen aus eigennützigen Gründen mit Händen und Füßen dagegen wehren, diese anzuerkennen.

Die wenigen Menschen, welche eine Initiation erfahren haben, stehen so hoch über dieser Frage, dass sie sich größtenteils in Schweigen hüllen.

Doch es gibt eine große Anzahl von Menschen, die eine Nahtoderfahrung gemacht haben. Nahtod bedeutet, dass die Menschen klinisch tot waren und dann wiederbelebt wurden. Eine Nahtoderfahrung ähnelt im Prinzip einer Initiation. Die meisten Menschen mit einer Nahtoderfahrung blicken nur für einige Sekunden ins Jenseits, nur wenige erinnern sich an den Pfad dorthin. Diejenigen, welche sich an den Weg erinnern können, sind gleich einem Initiierten, denn sie können jederzeit gedanklich diese Regionen wieder aufsuchen.

Hier zwei Beispiele von Nahtoderfahrung, um die Vorstellung davon zu vereinfachen. Die Mutter von Flavio Cabobianco beschreibt ihr Nahtoderlebnis so: *»Auf einmal war ich reines Bewusstsein; eine Art Energie-Niederschlag, und schwebte über den Bäumen. Wieder war dieses Gefühl der Ganzheit da, des Einsseins wie damals mit neun Jahren. Unter mir sah ich meinen leblosen Körper und meinen Mann bei dem Versuch, ihn wiederzubeleben. Ich war mit meinem physischen Körper durch eine Art Nebelfaden verbunden. Da spürte ich, wie eine Schwingung, ein Ton mein Wesen wieder zu meinem Körper hinzog. Er rief nach mir, schrie meinen Namen, während er mich schüttelte, aber ich wollte noch nicht zurückkehren. Ich war frei und außerhalb der Zeit, ich wollte nicht wieder in den engen Handschuh meines Körpers zwängen! Da war sie wieder, diese blitzartige und konzentrierte Vision meines Lebens, des Lebens, das ich noch vor mir hatte. Ich erkannte, dass ich noch einen weiteren Teil meiner Lebenserfahrung zu entfalten hatte, dass es nicht in Ordnung wäre, jetzt einfach abzubrechen. So kam ich zurück. Ich vergaß sogleich alles, was ich erlebt hatte, aber eine klare Gewissheit blieb: Mein Leben hat einen Sinn, und dieser greift über den Tod hinaus.« [18]*

Der Arzt Dr. Deepak Chopra beschreibt eine Nahtoderfahrung: *»Vor einigen Jahren hatte ich einen Patienten, der auf einem Nachbarhaus die Antenne reparierte. Dabei hob er ein Stück Kabel auf, das er für nicht geladen hielt, durch das aber 12.000 Volt flossen. Er starb auf der Stelle. Und wie stirbt man,* *wenn 12.000 Volt durch das Herz fließen? Ein Phänomen, genannt ›ventrikuläre Fibrillation‹, wird ausgelöst. Das Herz fibrilliert. Er fiel also vom Dach; aber wie es das Schicksal wollte, fiel er auf seine Brust, genau in dem Winkel, genau auf die Stelle, genau mit der Wucht, die es brauchte, um sein Herz zu defibrillieren. Eine ganz außergewöhnliche Geschichte, so als ob Gott ihn gerufen und dann plötzlich seine Meinung geändert hätte. Das Ganze dauerte nur ein paar Sekunden. Der Mann wurde vom Unfallort ins Spital transportiert, und er sagte: ›Mein Geist ging immer wieder zu dieser Lücke zurück.‹ Er nennt diesen kleinen Vorfall, dieses kleine Zeitintervall, die Lücke. Wir fragten: ›Was war in dieser Lücke?‹, und er antwortete: ›Dort war reine, grenzenlose Freude. Es war reine Glückseligkeit.‹ Wir sagten: ›Sie waren es sich bewusst?‹ Er sagte: ›Oh ja, ja, ich war es mir bewusst.‹ Wir fragten: ›Wessen waren Sie sich bewusst?‹ Er sagte: ›Ich war mir bewusst, dass ich bewusst war.‹ Wir fragten: ›Können Sie das etwas spezifischer erklären?‹ Er antwortete: ›Ja, es war reines Gewahrsein. Das Einzige, was ich sagen konnte, war: ICH BIN. Ich bin nicht dies, ich bin nicht jenes, einfach ICH BIN. Es war die Erfahrung meiner eigenen Unsterblichkeit, die Erfahrung von Ewigkeit. Es war die Erfahrung von Glückseligkeit, von reiner Freude. Ich ging dermaßen darin auf, dass ich realisierte, dass alles andere nur ein Konzept ist. Und ich wurde ein für alle Mal, total und gänzlich dieses Ding los, das die Menschen Angst nennen.‹*

Das Erstaunliche an der Geschichte des Mannes war, dass der Oberschenkel dort, wo der elektrische Strom aus seinem Bein ausgetreten war, total verbrannt war. Sein Oberschenkelknochen lag frei, alles was man sehen konnte, waren zerfetzte Blutgefäße und Knochen. Im Spital dachte man, dass nicht nur sein Körper, sondern auch sein Hirn durchgebrannt sei. Er wei-

gerte sich nämlich, sein Bein amputieren lassen, was die einzig angemessene Maßnahme bei dieser Art von Verletzung gewesen wäre. Aber er sagte, dass er jetzt jederzeit in die Lücke gehen könne und zwar durch einen einfachen Dreh der Aufmerksamkeit. Er würde seine Aufmerksamkeit auf die Lücke richten und in sie hineingleiten. Dort würde er wieder diese reine Freude erleben und von dort aus seine Aufmerksamkeit auf das Bein richten, wo er anstatt des grauenhaften Schmerzes ein angenehmes Kitzeln wahrnähme. Und so ist ihm im Laufe zweier Jahre ein neues Bein gewachsen. Weshalb? Weil er an den selben Ort ging, von dem aus die Natur alles kreiert. « [19]

Klingt das nicht unglaublich? Bevor Sie jedoch zur nächstgelegenen Hochspannungsleitung laufen, lesen Sie bitte erst dieses Kapitel zu Ende, denn es gibt einiges mehr, das man wissen sollte.

Interessanterweise erzählen Menschen mit einer Nahtoderfahrung bei genauerem Befragen ziemlich das Gleiche. Sterbeforscher auf der ganzen Welt berichten über identische Aussagen der Befragten bezüglich des Sterbeprozesses.

Das Erste, was ein gestorbener Mensch bemerkt, ist die Tatsache, dass er nicht »tot« ist.

Im Gegenteil, er fühlt sich lebendiger denn je zuvor. Meist sind die Menschen irritiert ob der Tatsache, dass sie definitiv fühlen, dass sie leben – sich aber außerhalb ihres Körpers befinden. Ferner empfinden es viele im ersten Moment als befremdend, dass sie von ihrer physischen Umwelt nicht mehr wahrgenommen werden. Sie sind quasi unsichtbar und unhörbar.

Dann folgt etwas Interessantes: die Menschen beschreiben, dass alle körperlichen Schmerzen und Gebrechen verschwinden und dass sie sich wieder als heil empfinden. Blinde können wieder sehen, Taube wieder hören, Gelähmte können sich besser bewegen als jemals zuvor. Alle Befragten beschrieben dieses angenehme Wohlgefühl, das sie hatten, während sie sich außerhalb ihres Körpers befanden. Sie erzählten von diesem wundervollen Gefühl, nicht mehr den körperlichen Beschränkungen unterworfen zu sein. Sie können sich in Gedankengeschwindigkeit überallhin bewegen, wohin es ihnen beliebt. Die fünf Sinne erweitern sich, andere Möglichkeiten der Wahrnehmungen kommen dazu. Die Menschen können sich in diesem Zustand telepathisch mit anderen Wesen verständigen und haben Eindrücke ungekannter Art und Weise.

Viele berichten davon, dass während ihrer Erfahrung spirituelle Wesen und verstorbene Verwandte in ihrer Nähe anwesend waren. Sie beschreiben die Verstorbenen als fast durchsichtig und jung, unabhängig des Alters, in dem sie gestorben waren. Diese feinstofflichen Wesen sollten ihnen die Angst vor dem Übergang in die Feinstofflichkeit nehmen. Oder aber, ihnen klarmachen, dass für sie der Zeitpunkt des Sterbens noch nicht gekommen ist und dass sie in ihren physischen Körper zurückmüssen.

Ein zentrales Thema in den Berichten ist das Schweben durch einen langen Tunnel und die Begegnung mit einem sehr hellen Licht. Dieses Licht besitzt unglaubliche Leuchtkraft, heller als alles, was sich die Menschen vorstellen könnten. Doch obwohl dieses Licht eine unglaubliche Energie ausstrahlt, fühlen sich die Menschen davon nicht geblendet oder bedroht, sondern fühlen unendlich viel Liebe, Freude und Frieden. Sie beschreiben das Licht als bedingungslose und grenzenlose Liebe. Manche beschreiben, sie hatten das Gefühl gehabt, die Suche hätte ein Ende und sie fühlten, dass sie zu Hause angekommen waren.

Gleich darauf nimmt das helle Lichtwesen telepathischen Kontakt mit den Sterbenden auf. *»Bemerkenswerterweise läuft die Verständigung dabei analog dem früher erwähnten direkten ›Auffangen der Gedanken‹ ab, durch das ein Mensch in seinem spirituellen Leib sich mit seiner Umgebung verständigen kann. Denn auch hier bestehen die Befragten darauf, weder eine von dem Wesen kommende Stimme oder sonstige Laute gehört noch ihm ihrerseits auf akustischem Wege geantwortet zu haben. Vielmehr heißt es, dass dabei direkte, ungehinderte Gedankenübertragung stattfinde, und zwar auf eine so klare Weise, dass sowohl Missverständnisse als auch jegliches Lügen dem Licht gegenüber von vornherein ausgeschlossen seien«, [20]* berichtet der Arzt Dr. Raymond A. Moody in seinem Buch *Leben nach dem Tod* und fährt fort: *»So berichtete mir ein Mann: ›Als ich „tot" war, stellte mir die Stimme eine Frage: „Ist dein Leben es auch wert?" Was sie meinte, war: Ob mir das Leben, das ich bis jetzt geführt hatte, im Lichte dessen, was ich jetzt wusste, immer noch lohnend erschiene. Nebenbei bemerkt versichern alle Beteiligten, dass diese Frage, so tiefgehend ihre elementare gefühlsmäßige Wirkung auch sein mag, keinesfalls vorwurfsvoll gestellt wird. Das Wesen, so berichten sie einmütig, richtet die Frage keineswegs anklagend oder drohend an sie, denn – gleichgültig, wie auch immer ihre Antwort ausfallen mag – fühlen sie doch nach wie vor dieselbe uneingeschränkte Liebe und Bejahung von ihm ausgehen. Der Sinn der Frage scheint vielmehr darin zu liegen, sie dazu anzuregen, ihr Leben offen und ehrlich zu durchdenken. Es ist, wenn man so will, eine sokratische Frage, die nicht um der vordergründigen Antwort willen gestellt wird, sondern um dem Gefragten zu helfen, selber auf dem Weg zur Wahrheit voranzuschreiten. « [21]*

Dann wird dem Sterbenden sein Lebensfilm gezeigt. Dabei sieht er alles, was er in seinem Leben getan hat. Er überblickt in diesem Moment seine Taten, aber nicht nur aus der eigenen Sicht, sondern auch aus der Sicht seiner Mitmenschen, und kann so erkennen, was diese ob seiner Worte und Taten empfunden haben. Durch das Austreten aus dem physischen Körper erfährt der Mensch eine dermaßen intensive Bewusstseinserweiterung, dass es ihm in diesem Zustand möglich ist, komplexe Situationen und Handlungsabläufe ad hoc vollständig zu überblicken.

Interessant erscheint die Tatsache, dass ausnahmslos alle Menschen mit einem Nahtoderlebnis dem religiösen Modell von Schuld, Sühne und Verurteilung widersprechen. *»In den meisten Fallgeschichten kommt das Schema von Belohnung und Strafe im Nachleben nicht mehr vor, sogar bei denen nicht, die vorher ganz selbstverständlich in solchen Begriffen gedacht hatten. Sie erlebten zu ihrem tiefen Erstaunen, dass, selbst wenn ihre ganz eindeutig schlimmen und sündigen Taten offenbar wurden vor dem Lichtwesen, dieses Wesen nicht mit Zorn und Groll reagierte, sondern nur immer mit Verständnis und sogar mit Humor. Als eine Frau zusammen mit dem Lichtwesen die Rückschau auf ihr Leben ansah, kamen ein paar Szenen zum Vorschein, wo sie es nicht vermocht hatte, Liebe zu geben, sondern nur Selbstliebe bewiesen hatte. Und doch sagt sie: ›Als wir zu diesen Szenen kamen, gab er mir nur zu verstehen, dass ich auch damals etwas gelernt habe.‹«*, schildert Moody. *»Viele haben ihre alten Vorstellungen von Lohn und Sühne fallengelassen und sind zurückgekehrt mit einem neuen Denkmodell und einem neuen Verständnis von der jenseitigen Welt – sie tragen in sich eine Vision, die nicht von einseitiger Verurteilung spricht, sondern von gemeinsam vorangetriebener Entwicklung auf das Endziel der Selbstverwirklichung hin. Aus dieser neuen*

Sicht endet die Entwicklung der Seele, besonders ihrer geistigen Fähigkeiten der Liebe und des Wissens, nicht mit dem Tode. Vielmehr geht sie weiter auf der anderen Seite ...« [22]

Menschen mit Nahtoderlebnissen sprechen ungern über ihre Erlebnisse. Sie merken nämlich sehr schnell, dass die Menschen ihre Aussagen schwer bis gar nicht annehmen können. Dies beginnt schon bei den Ärzten, die es nicht verstehen wollen, dass der klinisch Tote ihnen jedes Detail darüber zu erzählen im Stande ist, was passierte, als er ›tot‹ war. Medizinisch ungebildete Patienten können dabei exakt die Reanimationsversuche der Ärzte – einschließlich dessen, was die Ärzte währenddessen gesprochen haben – wiedergeben.

Da die Umwelt ihre Aussagen in Zweifel zieht, ziehen sich Menschen mit Nahtoderlebnissen gerne zurück. *»Aus den Gründen, die ich eben genannt habe, hat sich meines Wissens kein einziger ein tragbares Rednerpult gezimmert und ist in die Welt hinausgezogen, um als Full-time-Prophet seiner persönlichen Todeserfahrung die Leute zu missionieren. Kein einziger hat es für richtig gehalten, Proselyten machen zu wollen, andere von der Wahrheit dessen überzeugen zu wollen, was er persönlich erfahren hatte. Im Gegenteil! Ich hatte eher mit der Schwierigkeit zu kämpfen, dass diese Menschen durchweg sehr verschlossen sind, wenn sie anderen erzählen sollen, was sie erlebt haben. « [23]*

Was uns interessiert, ist die Frage, was sich im Leben der Menschen verändert, die schon einmal nach »drüben« geblickt haben. Nachdem diese Menschen erkannt haben, »was ist«, sollten sie in der Lage sein, ihr Leben besser zu leben als zuvor.

Wenn man sich mit Menschen mit Nahtoderfahrung unterhält und diesen die Frage nach ihrer daraus resultierenden Erkenntnis stellt, bekommt man drei Antworten:

1. Die Menschen empfinden ihr Leben als bereichert und erweitert und erkennen, dass der Sinn im Leben nicht in der Materie liegt. Sie verlassen die Oberflächlichkeit des Lebens, gehen in die Tiefe und befassen sich mit philosophischen Fragen.

2. Die Menschen erkennen, wie schön und wertvoll das Leben eigentlich ist. Sie realisieren, dass Ängste und Sorgen sinnlos sind, und schätzen die schönen Seiten des Lebens als etwas Kostbares.

3. Die Menschen sind bestrebt, sich mehr Wissen anzueignen. Während ihres Nahtoderlebnisses ist ihnen bewusst geworden, dass das Lernen auch nach dem physischen Leben weitergeht und dass es daher sinnvoll ist, auch im Alter zu lernen.

Kommen wir zum letzten Punkt. Wenn man sich die Aussagen von Menschen mit Nahtoderlebnis ansieht und diese dann mit den Ausführungen im Tibetanischen Totenbuch vergleicht, sticht einem die frappante Ähnlichkeit ins Auge. Es gibt nur einen Unterschied. Das Tibetische Totenbuch beschreibt mehrere spätere Phasen des Sterbens. Offensichtlich gibt es im Sterbeprozess einen »point of no return«, ab dem eine Rückkehr in dieses Leben nicht mehr möglich ist. Dieser Moment tritt ein, wenn sich die so genannte Silberschnur von unserem Körper trennt. Diese Silberschnur ist vereinfacht ausgedrückt die Verbindung zwischen Seele/Bewusstsein und unserem physischen Körper. Bei Personen mit einem Nahtoderlebnis hatte sich die

Silberschnur noch nicht vom Körper getrennt. Wenn sie dieses tut, gibt es kein Zurück.

Um es noch einmal explizit auszudrücken: Ein Mensch ist nicht tot, wenn er für herz-, hirn- oder mausetot erklärt wird, sondern in dem Moment, in dem sich die Silberschnur vom Körper trennt und Seele/Bewusstsein den physischen Körper nicht mehr beleben.

Falls Sie sich fragen, wie die späteren Phasen des Sterbens im Totenbuch geschrieben werden konnten, erinnern Sie sich doch daran, dass es Initiierten möglich ist, so oft und so lange ins »Reich der Toten« zu reisen, wie es ihnen beliebt.

Die Weisen, welche das Tibetische Totenbuch schrieben, sahen das Sterben als eine Kunst an, die man beherrschte, oder auch nicht. Aus diesem Grund wurde dem Sterbenden aus dem Totenbuch vorgelesen, damit er die Vorkommnisse richtig verstehen konnte.

Laut dem Totenbuch löst sich die Seele des Menschen von seinem Körper. Zunächst wundert sich der Mensch, dass er sich nun plötzlich außerhalb seines Körpers befindet. Er hat ganz normale Wahrnehmungen und befindet sich in seiner vertrauten Umgebung. Er sieht und hört die Menschen rund um sich, doch diese können ihn nicht wahrnehmen. Er will sich verständlich machen, doch niemand hört ihn. Langsam wird ihm bewusst, dass er gestorben sein muss.

Er befindet sich in einem feinstofflichen Körper, den die Tibeter »Strahl-Leib« nennen. Dieser Strahl-Leib weist keinerlei Gebrechen auf. Egal ob der Verstorbene in seinem physischen Leben blind, taub oder verkrüppelt war, der Strahl-Leib ist vollkommen intakt.

Mit diesem Leib kann er sich durch alle materiellen Hindernisse einfach hindurchbewegen. In Gedankengeschwindigkeit kann er sich an jeden Ort bewegen, wo er gerne sein möchte. Seine Sinne verfeinern sich, sein Denken wird klarer. Er nimmt andere feinstoffliche Wesen wahr und begegnet dem »od gsal«, was so viel wie »strahlendes Licht« bedeutet. Ihm wird eine Art Spiegel vorgehalten, in welchem er sein Leben betrachten kann. In diesem Augenblick gibt es keine Lügen, kein verzerrtes Bild. Der Verstorbene überblickt sein Tun und die Auswirkungen dessen. Auch an dieser Stelle werden Gefühle von unendlichem Frieden und absoluter Wunschlosigkeit beschrieben.

Klingt dies nicht vertraut? Die uralten Aussagen im Tibetanischen Totenbuch ähneln den aktuellen Aussagen der Menschen mit einem Nahtodereignis in solch unvorstellbarem Ausmaß, dass es weiterer Worte nicht bedarf.

Wenn wir uns nun also mit den vorliegenden Informationen die Frage stellen »Wohin gehe ich?«, können wir nur zu dem einen Schluss kommen, dass die Reinkarnation die einzige Erklärung ist, die im Stande ist, das Mysterium des Lebens zu ergründen. Wer die Wiederverkörperung nicht überblickt, läuft Gefahr, dieses jetzige Leben für das einzige zu halten und am Sinn des Lebens zu zweifeln. Eine weitere Gefahr besteht darin, dass sich die Menschen einer Pseudoreligion anschließen, und obwohl sie deren Unzulänglichkeit erkennen, verblendet darin untergehen.

Man kann die Lehre der Reinkarnation von allen Seiten beleuchten. Sie stellt ein homogenes Ganzes dar. Zweifel an der Reinkarnation entspringen ausschließlich einem Mangel an Information. Denn nur die Reinkarnationslehre geht konform mit den universellen Gesetzen. Nach dem Gesetz der Polarität muss es zum Diesseits auch ein Jenseits geben. Physisches Leben erzwingt den physischen Tod. Die physische Existenz im Diesseits erzwingt eine feinstoffliche Existenz im Jenseits. Die Seele sammelt Erfahrung in der physischen Welt, um sich danach in der Feinstofflichkeit zu erholen, zu lernen und zu planen. So ist der Tod nichts anderes als der Übergang von einer Form des Seins in eine andere. Dabei braucht der Mensch keine Angst vor seinem physischen Tod haben – alle Menschen sind schon des Öfteren »gestorben«.

Der Wechsel von physischem zu feinstofflichem Leben unterliegt dabei dem Gesetz des Rhythmus. Diesseits und Jenseits, Leben und Sterben, Geburt und Tod sind Polaritäten und stellen schlussendlich nur die gegenüberliegende Seite derselben Medaille dar. Der Wechsel, von der einen Seite auf die andere und wieder zurück, ergibt das rhythmische Bild. Wie wir bereits gesehen haben, unterliegen in diesem Universum alle Formen des Seins dem Gesetz des Rhythmus. Alles verkehrt sich zu gegebener Zeit in sein Gegenteil. In der Natur folgt alles diesem Zyklus. Warum sollte im Universum dieses fundamentale Prinzip ausgerechnet bei Leben und Sterben nicht zur Anwendung kommen?

In der Reinkarnationslehre findet man auch das Gesetz von Ursache und Wirkung, oder auch Karma genannt, wieder. Reinkarnation und Karma hängen untrennbar zusammen. Eines wäre ohne das andere sinnlos. Der Mensch erntet, was er sät. Auch über den Tod und die Wiedergeburt hinaus. Niemand entgeht dem Pendel des Ausgleichs, auch wenn es erst im darauffolgenden Leben zurückschlägt.

Menschen beginnen den Tag nicht »ohne gestern«. Nach dem Gesetz der Analogie (wie im Großen, so im Kleinen) beginnen sie ein Leben auch nicht »ohne Vorleben«. So, wie sich das »Gestern« im »Heute« niederschlägt, wirkt sich die »letzte

Inkarnation« auf die »aktuelle Inkarnation« aus. Wir ernten nicht nur heute, was wir gestern gesät haben, sondern auch in diesem Leben, was wir im vergangenen getan haben. So werden wir nicht mit blütenreiner Weste geboren. Wir bringen die Verbindlichkeiten unseres Vorlebens mit in diese Inkarnation. WIR tragen die Verantwortung für unsere Handlungen, nicht »ein angeblich strafender und zürnender« Gott …

»Das Gesetz des Karma fordert vom Menschen die Übernahme der vollen Verantwortung für sein Schicksal – ein Schritt, den der Mensch unserer Zeit nicht machen will«, erklärt Dethlefsen. *»Die Abwehr breiter Kreise gegen die Lehre der Reinkarnation ist nur zu verständlich – hat man doch mit viel Mühe und Aufwand endlich perfekt erscheinende Theorien fabriziert, die den Menschen von der Eigenverantwortung befreien und die Schuld auf Gesellschaft, Krankheitserreger oder den bösen Zufall projizieren. Begreiflich, wenn man sich entrüstet über das Ansinnen, diese raffinierten Theorien menschlicher Schläue als Eigenbetrug zu entlarven – sie zusammenstürzen zu lassen und ganz schlicht wieder die Schuld bei sich selbst zu suchen.« [24]*

In diesem Prozess durchläuft jeder Mensch die Reinkarnation. Auch dann, wenn er »nicht daran glaubt«. Die Wiederverkörperung ist Teil der universellen Gesetze. Diese wirken, egal ob man daran glaubt oder auch nicht. Schon Newton erkannte, dass der Apfel zu Boden fällt, wenn man ihn loslässt – ob man dran glaubt oder auch nicht. Die Reinkarnation ist aber keine Frage des Glaubens, sondern eine Frage der geistigen Reife und der spirituellen Erkenntnisfähigkeit. Denn, wer erkennt und daher weiß, ist nicht mehr gezwungen zu glauben.

Viele Denker und Philosophen waren Verfechter der Reinkarnation. Fichte, Goethe, Grillparzer, Heine, Hesse, Kleist,

Lessing, Schiller, Schopenhauer, Tolstoi … – die Liste würde sich endlos fortsetzen lassen. Sie alle erkannten, dass nur die Reinkarnationslehre die zentralen Fragen des Lebens zu beantworten im Stande ist. So behauptete der französische Philosoph Voltaire: *»Die Lehre von der Wiederverkörperung ist weder widersinnig noch unnütz. Zweimal geboren zu werden ist nicht erstaunlicher als einmal. Auferstehung ist das Ein und Alles der Natur.«*

Der amerikanische Automobilhersteller Henry Ford schrieb über die Reinkarnation: *»Ich sehe in der Wiederverkörperungslehre die Essenz unseres Wissens von der Wirklichkeit. Ich nahm die Wiederverkörperungslehre mit 26 Jahren an. Bevor ich sie kannte, war ich haltlos und unzufrieden, sozusagen ohne Kompass. Die Religion sagte mir hierüber nichts – oder ich war unfähig, es zu finden. Nicht einmal die Arbeit konnte mich restlos befriedigen. Die Arbeit wird erst sinnvoll und fruchtbar, wenn wir die Erfahrungen der früheren Leben im nächsten Dasein zu verwerten vermögen. Als mir dann die Tatsache der Wiederverkörperung bewusst wurde, war es, als erschließe sich mir der tiefere Sinn des Weltenplans …«*

Reinkarnation in den Religionen

Wenn wir gerade beim Thema Glauben sind, wollen wir uns doch einmal genauer ansehen, wie die Religionen zur Reinkarnation stehen.

»Nicht nur in sämtlichen asiatischen Kulturen und Religionen der vergangenen fünftausend Jahre finden wir das Wissen um die Wiedergeburt vor, sondern ebenso in den alten Stammeskulturen in Afrika, Ozeanien und Australien, bei den Indianervölkern in Nord-, Mittel- und Südamerika sowie auch in

Europa bei den nordischen Völkern, den Wikingern, den Kelten, den Galliern, den Germanen und natürlich bei den antiken Hochkulturen der Ägypter, Griechen und Römer«, schildert Zürrer in seinem Buch Reinkarnation. *»Die praktisch einzige Ausnahme hierzu sind die institutionalisierten Formen des Judentums und des Islam sowie die traditionellen christlichen Kirchen, die in Europa und weltweit seit bald 1500 Jahren den Seelenwanderungsgedanken offiziell ablehnen.« [25]*

Es ist tatsächlich so, dass alle Religionen, mit Ausnahme des Judentums und der von dieser ausgegangenen – das Christentum und der Islam –, an der Lehre der Reinkarnation festhalten. Daher wollen wir uns kurz diese drei Religionen betrachten, denn bei genauerem Hinsehen fällt einem da Interessantes auf.

Obwohl der Grundtenor bei diesen drei Religionen die Ablehnung der Reinkarnation darstellt, gibt es in allen dreien ausgeprägte Hinweise darauf, dass verschiedene Gruppen innerhalb der Religionen sehr wohl die Reinkarnationslehre vertreten.

So finden wir im Judentum die Reinkarnation sowohl in der Mystik der Kabbala als auch in den chassidischen Texten. Im Islam finden wir die Reinkarnation bei den gnostischen Sufis. Am interessantesten ist es jedoch, im Christentum nach Spuren der Reinkarnationslehre zu suchen. Oberflächlich betrachtet findet man wenige Indizien, dass das Christentum mit der Reinkarnation etwas zu tun oder gehabt haben könnte. Gräbt man jedoch etwas in die Tiefe, fördert man Erstaunliches zu Tage.

In den ersten 543 Jahren unserer Zeitrechnung galt die Reinkarnation und Karma nämlich als fixer und unverrückbarer Bestandteil der christlichen Lehre. Sowohl Jesus als auch frühchristliche Gelehrte waren mit dem Reinkarnationsgedanken vertraut und predigten diese Lehre von der Wiederverkörperung. So schrieb zum Beispiel der griechische Kirchengelehrte Clemens von Alexandria (150-215 n. Chr.) in Stromateis 4, 160, §3: *»Denn indem so eine Geburt auf die andere folgt, will sie uns in allmählichem Fortschreiten zur Unsterblichkeit führen.«* Auch andere Größen der christlichen Bewegung predigten der Reinkarnation das Wort, allen voran die alles überragende Figur des Kirchengelehrten Origenes von Alexandria.

Was dann im 6. Jahrhundert nach Christi Geburt passierte, schildert Zürrer so: *»Auf Drängen des byzantinischen Kaisers Justinian I. (527-565) wurde im Jahre 543 in Konstantinopel eine Synode der Ostkirche einberufen, die das erklärte Ziel hatte, die theologischen Differenzen um die Lehren des Origenes ein für allemal zu beenden. Diese Lehren wurden, ohne Rücksicht auf die Haltung des damaligen römischen Papstes Vigilius, durch die Synode mit neun Bannflüchen belegt, darunter auch Origenes' Lehre der Seelenpräexistenz und der möglichen Reinkarnation.*

Diese Verfluchungen aber geschahen auf die äußerst persönlich motivierte Anweisung von Kaiser Justinian, der sich selbst als Oberherrn der Kirche verstand. Seine ehrgeizige und herrschsüchtige Frau Theodora war die Tochter eines Bärenwärters im Amphitheater von Byzanz gewesen. Ihren kometenhaften Aufstieg zur Herrscherin des Reiches begann sie als Kurtisane. Um mit ihrer schändlichen Vergangenheit ganz zu brechen, ließ sie später als sittenstrenge Kaiserin 500 ihrer ehemaligen Berufsgenossinnen misshandeln und martern.

Da sie nach den Gesetzen des Karma (die Origenes in seinen Schriften unmissverständlich bejaht hatte) in einem späteren Leben für diese Gräueltaten hätte büßen müssen, wirkte sie nun beim Kaiser darauf hin, die Wiedergeburtslehre einfach abzuschaffen. Von der Wirksamkeit dieser Aufhebung durch einen ›göttlichen Beschluss‹ muss sie ganz und gar überzeugt gewesen sein.

Aus welchen fragwürdigen Motiven auch immer – Tatsache ist, dass an der Synode der Ostkirche im Jahre 543 Origenes' Lehren verdammt wurden. Die Bannflüche wurden daraufhin unter dem unnachgiebigen Druck Kaiser Justinians von sämtlichen Patriarchen unterzeichnet, einschließlich Papst Vigilius, der 544 eigens zu diesem Zwecke fast gewaltsam nach Konstantinopel gebracht wurde. Mit ihrer Unterzeichnung reihte die Kirche den bedeutendsten und herausragendsten Theologen des frühen Christentums, Origenes, aus rein weltlichen Gründen unter die ketzerischen Irrlehrer. Mit Sicherheit ist anzunehmen, dass in der Folge in den kirchlichen Dokumenten aufs Neue alles entfernt oder verändert wurde, was gegen diesen Bannfluch sprach. Die heutige Geschichtsforschung muss sich also auf Stellen stützen, die offenbar übersehen wurden.« [26]

Um das nochmals explizit herauszustreichen: Nicht der Papst, als kirchliches Oberhaupt, sondern der weltliche Herrscher (!) des Oströmischen Reiches veranlasste, von persönlichen Motiven getrieben, im Jahre 543 n. Chr. die Abschaffung der Reinkarnationslehre innerhalb des christlichen Glaubens und belegte diese mit 9 Bannflüchen!

Zehn Jahre später, im Jahre 553 n. Chr., berief der gleiche Kaiser das fünfte ökumenische Konzil zu Konstantinopel ein. Was dort geschah, war eine politische Machtdemonstration Justinians. Er zwang die Oberhäupter der Kirche, sich seiner Macht zu beugen, und erhöhte die Bannflüche gegen die Reinkarnation von 9 auf 15.

Wie sich solche Bannflüche anhören, beschreibt Ronald Zürrer: *»[Es] findet sich im 11. Canon des Konzils der folgende*

Bannfluch: ›Wer nicht verflucht ... Origenes samt seinen gottlosen Schriften und alle anderen Häretiker, welche verflucht sind von der heiligen katholischen und apostolischen Kirche ... der sei verflucht.‹

Vermutlich wurde dieser seltsame Bannfluch von Kaiser Justinian vor Eröffnung des Konzils den Patriarchen vorgelegt, die dann zur Unterzeichnung genötigt wurden. Interessant ist auch, dass Papst Vigilius bewusst an keiner einzigen Sitzung teilnahm, obwohl er sich auf Geheiß des Kaisers während der fraglichen Zeit (5. Mai bis 2. Juni 553) in Konstantinopel aufhielt.« [27]

Im Zuge der Verwerfung des Reinkarnationsgedankens sah sich die Kirche dazu gezwungen, sowohl die Präexistenz der Seele zu leugnen als auch das Konzept von Himmel, Hölle und Fegefeuer zu kreieren und die Texte dahingehend zu korrigieren.

Ein Wort zum »Paradies« ...

In einer Menge medialer Durchsagen machen Verstorbene Ausführungen über paradiesische oder höllische Zustände. Dies hat verschiedene Kreise dazu angehalten, den Menschen ein Eingehen ins Paradies oder eine ewige Verdammnis in der Hölle zu prophezeien. Nur gibt es weder Paradies noch Hölle – und die Sachlage liegt dummerweise völlig anders, als von einigen Religionen propagiert.

Die meisten Menschen gehen nach deren Ableben direkt ins Licht. Vom Lichtwesen, ihrem Schutzengel und den feinstofflichen Wesen geleitet, machen sie sich in die Dimensionen des Universums auf, welche ihnen als Aufenthaltsort für ihre weitere Entwicklung dienen.

Andere verstorbene Menschen tun dies jedoch nicht. Sie verwehren sich aus Angst oder Unwissenheit den spirituellen Helfern und halten sich dann entweder weiterhin auf der Erde auf (erdgebundene Wesen) oder bleiben auf einer Ebene hängen, welche als die »Astralebene« bezeichnet wird.

Was hat es mit dieser Astralebene auf sich? Die Erde ist ein Planet, auf dem jede uns bekannte Form der Emotion vorkommt. Diese Emotionen dienen uns dazu, Wünsche zu hegen, Taten zu setzen und dadurch Erfahrungen zu sammeln. So gesehen könnte man behaupten, dass Emotionen uns dazu dienen, in Bewegung zu bleiben.

Hingegen gibt es draußen im Universum keine Emotionen. Die Dinge existieren einfach. Sie sind. So dient die Astralebene als Pufferzone zwischen Bereichen mit und ohne Emotionen.

Die Astralebene selbst ist wiederum in zwei Zonen eingeteilt: »die mentale Zone« und »die emotionale Zone«. Jede dieser Zonen verfügt über einen positiven und einen negativen Bereich. Wenn nun ein Mensch stirbt, durchschreitet seine Seele/Bewusstsein mit ihren spirituellen Führern die positive Astralebene. Dabei lösen sich in dieser Ebene Gefühle, Wünsche und die Bindung an materielle Dinge auf. Die Seele entledigt sich sozusagen ihrer irdischen und physischen Wünsche und Bedürfnisse. Hier werden das Ego und die Persönlichkeit zu Grabe getragen. Anschließend geht die Seele ins Licht.

Wenn ein Verstorbener jedoch zu sehr am Materiellen hängt, wechselt er von der positiven Astralebene in das negative Astrale. Hier lebt er dann nach dem Prinzip »Gleiches zieht Gleiches an« in kleinen Gruppen Gleichgesinnter. An diesem Ort befinden sich »Paradies und Hölle«. Von hier aus gibt es keinen Weg ins Licht.

Nachdem sich auf feinstofflicher Ebene alle Gedanken augenblicklich manifestieren, werden auf dieser Ebene Gedanken und Wünsche unmittelbar umgesetzt.

Die Verstorbenen richten sich kraft ihrer Gedanken ihre eigene Umgebung ein und erfreuen sich entweder paradiesischer Umstände oder erleiden Höllenqualen, je nach geistiger Ausrichtung und Bewusstseinszustand.

Eins ist für die Bewohner von »Paradies und Hölle« jedoch gleich. Sie befinden sich in der negativen Astralwelt, einer Sackgasse, gefangen in einer Illusion.

Erst wenn sie ihren Irrtum erkennen, wechseln sie wieder auf die positive Seite der Astralebene und erlangen damit wieder die Möglichkeit, ins Licht zu gelangen.

So ist es durchaus interessant zu erkennen, dass einige Religionen ihren Anhängern den ewigen Aufenthalt in der negativen Astralwelt in Aussicht stellen.

Wer aufgrund dieser falschen Ansichten wirklich dorthin geht, hat bis zum Erkennen dieses Fehlers keine Aussicht auf eine weitere Entwicklung und die Möglichkeit, wieder zu inkarnieren. So erweist so manche Religion ihren Anhängern einen Bärendienst, indem sie sie an einen Ort schickt, der zu ihrem Gefängnis werden kann …

Wie wir sehen, ist das Thema der Reinkarnation sehr wichtig für die Menschen. Selbst die Religionen, welche die Existenz der Reinkarnation leugnen, sehen sich gezwungen, sich mit dem Thema zu befassen. Dabei nützt es ihnen aber nichts, einen Justamentstandpunkt einzunehmen, sich hinter verfälschten Schriften zu verschanzen oder die Diskussion über das Thema zu verweigern. Die Tatsache bleibt bestehen, dass Religionen, welche die Reinkarnation leugnen, kläglich daran scheitern, wenn es darum geht, den Menschen den Sinn des Lebens zu erklären. Nur die Lehre von der Wiedergeburt vermittelt schlüssige Antworten auf die Fragen »Wer? Woher? Wohin? Warum?«

»Warum bin ich hier?«

Im Folgenden wollen wir der Frage nachgehen: »Warum bin ich hier?« oder anders formuliert: »Was ist der Sinn des Lebens?« Ironischerweise ist die Antwort auf diese Frage, die sich 99 % der westlichen Bevölkerung stellt, Bestandteil mehrerer alter Lehren und Schriften. So lautet die sechste der sieben Weisheiten des Zarathustra: *»Die Seele lernt die Weisheit Gottes in der Schule des irdischen Lebens solange erkennen, bis sie alle Klassen dieser Lebensschule vollendet hat.«*

Es ist schon komisch, dass auf der einen Seite das Leben den Menschen so endlos kompliziert vorkommt, während auf der anderen Seite die Antwort auf die Frage nach dem Sinn des Lebens so unverschämt einfach ist: *Wir alle sind hier, um zu lernen, und der Planet Erde ist nichts anderes als eine Schule des Lebens.*

Das Leben auf der Erde ist wie eine Schule gestaltet und jede Seele muss exakt die gleichen Klassen absolvieren. Was wir Menschen, aus unserer Sicht, als unser irdisches Leben ansehen, ist in Wirklichkeit das Absolvieren einer Schulklasse unserer Seele. Dabei stellen viele unserer Probleme, mit welchen wir im Laufe unseres Lebens konfrontiert werden, nichts anderes dar als die Aufgaben, die unsere Seele in ihrer Schulstufe von sich aus lernen und bestehen will.

Wir sind nicht hier, um reich und schön zu sein und ein Leben des Nichtstuns genießen zu können, wie uns dies die Medien vorgaukeln. Nein, wir sind hier, um zu lernen und Erfahrungen zu machen.

Wenn ein Mensch stirbt und die Seele den physischen Körper verlässt, gleicht die Zeitspanne, welche die Seele anschließend in der Feinstofflichkeit verbringt, den Schulferien zwischen den Schuljahren. Die Seele existiert dann in einem Zustand, bestehend aus reiner Energie – als feinstoffliches Wesen. Dieser Zustand ist der Normalzustand der Seele – 85 Prozent der Zeit ihrer Existenz. In diesem Zustand erholt sich die Seele von ihrer physischen Inkarnation, blickt zurück auf ihr vergangenes Leben und befindet, ob sie ihre Lernaufgaben bewältigt hat oder nicht.

Wenn die Seele befindet, dass sie die Prüfungen bestanden hat, stellt sie sich für die nächste Inkarnation eine neue Aufgabe, die sie erfahren und lernen möchte. Sollte die Seele aber der Meinung sein, die gestellte Aufgabe nicht ausreichend gelernt und erfahren zu haben, wiederholt sie von sich aus die betreffende »Schulstufe«, um dieses nachzuholen.

Wichtig zu erwähnen sind in diesem Zusammenhang zwei Dinge:

Erstens: Es gibt in der Feinstofflichkeit kein Gericht, welches die Menschen und deren Seelen für die Handlungen verurteilt, die sie auf Erden getan haben. Die von den Menschen als Strafe empfundenen Dinge sind nichts anderes als die Ernte ihrer eigenen Aussaat oder die aktuelle Aussaat eines anderen.

Zweitens: Es befindet in der Feinstofflichkeit niemand anderer darüber, ob in der vergangenen Inkarnation die Aufgaben bewältigt und die Prüfungen absolviert wurden, als unsere Seele allein. Kein anderes Wesen, aber auch nicht unser Ego, welches zu diesem Zeitpunkt ja gar nicht mehr existiert – daher gibt es hier auch kein Schummeln. Die Seele entscheidet objektiv und allein, ob sie eine Erfahrung genug gelebt hat – oder ob sie diese noch einmal machen möchte.

Dabei spielt Zeit keine Rolle. Was für uns Menschen eine Ewigkeit bedeutet, ist in der feinstofflichen Welt nicht länger als ein Augenblick. Sobald die Seele entschieden hat, ob die letzte Inkarnation ein Erfolg oder ein Misserfolg war, beginnt sie damit, das Drehbuch ihrer nächsten Inkarnation zu schreiben. Sie legt in groben Zügen ihr Lernprogramm fest und verankert die Prüfungen, die sie gerne absolvieren möchte.

Wir können uns das Leben hier auf Erden ähnlich vorstellen wie das turbulente Treiben in der Schulpause auf einem Schulhof. Seelen verschiedenen Alters, verschiedenen Bewusstseinsgrades, mit verschiedenen Aufgaben und Lebenswegen vermischen sich untereinander. Der einzige Unterschied besteht darin, dass das Alter der Seelen und deren Entwicklungsgrad nicht an äußerlichen Merkmalen abgelesen werden kann. So kommt es gar nicht selten vor, dass die Seele eines Schülers wesentlich älter ist als die Seele seines physischen Lehrers – oder die Seele eines Kindes älter ist als die seiner leiblichen Eltern.

Fassen wir nochmals zusammen: Wir Menschen haben keine vergangenen Leben. Unsere Seele und unser Bewusstsein hatten vergangene Leben. Für jedes Leben wird eine völlig neue Person geschaffen.

Jede Seele hatte bereits viele Leben auf diesem Planeten. Der Planet Erde ist eine Schule, keine Krabbelstube und kein Kindergarten. Daher gibt es auf der Erde auch keine Seelen, die zum ersten Mal inkarnieren.

Jede Seele durchläuft Inkarnationen in Afrika, Amerika, Europa; natürlich als Mann und Frau; reich – arm; gesund – krank;

einfach alles, denn die Seele muss ALLE Erfahrungen machen. Aber es besteht eine gewisse Variabilität, denn wir verfügen über einen freien Willen.

So könnte es durchaus passieren, dass eine Seele sich physische Eltern aussucht, um eine glückliche und stabile Kindheit zu erfahren. Dann wird das Kind zwei Jahre alt und in der Firma seines Vaters wird eine neue Sekretärin eingestellt. Der Vater des Kindes verliebt sich in diese und verlässt Frau und Kind – und alles, was die Seele des Kindes geplant hatte, ist im Eimer. Aber das ist keine Katastrophe, weil die Seele ja ALLE Erfahrungen auf allen Ebenen des Bewusstseins machen will und muss. Also erfährt sie in diesem Leben, wie es ist, geschiedene Eltern zu haben, anstatt dies in einer anderen Inkarnation zu tun.

Wenn ein Mensch »stirbt«, nimmt die Seele die Energie des Bewusstseins, das Wissen und die Erfahrung dieser Inkarnation in sich auf. Dies ist die Lebenserfahrung der Seele und ihr Wachstum. Das ist es, was der Seele bleibt, und das ist alles, was wichtig ist. Alles andere, wie Persönlichkeit, Ego, Geist, existiert nicht länger.

Schlussendlich kommt es im Leben nur darauf an, wie weit sich eine Seele weiterentwickeln konnte. In der folgenden Inkarnation der Seele könnte sich dann jene Person der Energien des Wissens des Vorlebens der Seele bewusst werden und zu sich sagen: »Diese Fähigkeiten müssen aus den vergangenen Leben meiner Seele stammen – welch ein Geschenk!«

Wenn sich ein Mensch dieser Energien bewusst wird, erfährt er, was er im früheren Leben erlebt hat – welche Talente und Fähigkeiten vorhanden sind und was er meiden sollte. Dies erkannte auch Henry Ford, als er bemerkte: *»Was einige für eine* *besondere Gabe oder ein Talent zu halten scheinen, das ist nach meiner Ansicht die Frucht langer, in vielen Leben erworbener Erfahrungen. Wir alle werden viele Male wiedergeboren, leben viele Leben und speichern reiche Erfahrung auf. Die scheinbar intuitive ›Gabe‹ ist in Wirklichkeit schwer erworbene Erfahrung.«*

Manchmal haben Menschen unbewusste Angst vor verschiedenen Dingen. Zum Beispiel Angst vor Wasser, und niemand weiß warum. Vielleicht sind sie im Vorleben ertrunken und die Energien dieses Schockes verblieben bei der Seele.

Lernen oder Leiden

Wenn nun der Sinn des Lebens darin besteht, zu lernen, was passiert dann, wenn der Mensch, durch Persönlichkeit und Ego getrieben, sich dem Lernen verschließt und Prüfungen verschiebt?

Dazu muss man wissen, dass es zwei Arten des Lernens gibt:

1. Bewusstes Lernen
2. Unbewusstes Lernen

Das bewusste Lernen findet statt, wenn ein Mensch geistig flexibel ist und anstehende Hürden im Leben als Herausforderung sieht, die es zu überwinden gilt. Ein aktives Herangehen und Lösen von gestellten Aufgaben verlangt zwar mehr Aufmerksamkeit, doch verspricht es ein angenehmes Leben, frei von Schicksalsschlägen und gröberen Krankheiten. Der Mensch agiert und hat so die Möglichkeit, sein Leben weitgehend selbst zu gestalten. Wer seinem Lebensweg folgt, der wird ein relativ müheloses Leben erfahren.

Die meisten Menschen beschreiten jedoch den Weg des unbewussten Lernens. Der Weg des unbewussten Lernens ist ein Weg der Passivität und des Leides. Wer nicht freiwillig bereit ist, dazuzulernen, ist dazu gezwungen, zu leiden. Wenn ein Mensch, aus welchem Grund auch immer, das freiwillige Lernen verweigert und versucht, Prüfungen zu verdrängen, treten Mechanismen in Kraft, die ihn dazu motivieren sollen, diese Prüfungen abzulegen.

Das Schicksal weist den Menschen darauf hin, dass er von seinem Kurs abgewichen ist, indem er die Prüfung nicht absolvierte. Diese Hinweise sind anfangs sehr subtil und sacht. Sie treten auf in Form von der leisen inneren Stimme, von Träumen oder intuitiven Ahnungen. Wenn der Mensch jedoch nicht darauf reagiert, gewinnen die Hinweise immer mehr an Deutlichkeit und der Kampf Mensch gegen Schicksal beginnt. Wer seine Aufgabe nicht erfüllt, wird zunehmend mehr Hindernisse auf seinem Weg finden, die ihn wieder auf den Weg der anstehenden Prüfung bringen sollen. Während am richtigen Weg, dem Weg des bewussten Lernens, das Vorankommen meist mühelos erscheint, wird das Weiterkommen beim Verweigern des Lernens zunehmend beschwerlich. Vorhaben und Pläne scheitern und das Schicksal meint es scheinbar »nicht gut« mit der betreffenden Person. Das Leben erscheint ungerecht, die Umstände widrig. Und sie werden umso schlimmer, je dickköpfiger man sich weigert.

Vergleichen wir es mit einem Reitpferd im Springsport. Der Reiter und seine Gehilfen werden alles Erdenkliche unternehmen, um dem Pferd klarzumachen, dass es über das Hindernis springen MUSS. Wenn das Pferd verweigert und permanent dem Hindernis ausweicht, wird man ihm alle Ausweichmöglichkeiten versperren und der Reiter wird es so lange auf dieses

Hindernis zutreiben, bis es schlussendlich darüber hinwegspringt. Das Verweilen vor dem Hindernis oder das Verweigern des Springens bringt Pferd und Reiter genauso wenig weiter wie einen Menschen, der das Lernen verweigert.

All die Widrigkeiten im Leben sind Zeichen des Schicksals, den eingeschlagenen Weg zu überdenken und zu korrigieren. Wer Prüfungen verweigerte, aber das Lernen wieder aufnimmt, bei dem verschwinden die Regulative auch wieder aus seinem Leben. Wer starr das falsche Drehbuch verfolgt und nicht auf das Schicksal hören will, bei dem manifestiert sich das Leid in Form von Schicksalsschlägen und Krankheit.

Dabei sind diese Krankheiten und Unglücke nicht durch Karma bedingt, sondern sollen den Menschen auf seinen Lebensweg zurückbringen. Sie haben sicher schon gehört, dass Krankheiten Botschaften sind, auf die man hören sollte. Die Art der Erkrankung stellt daher die Botschaft für den Erkrankten dar. Wer nicht hören will, muss fühlen – wer nicht lernen will, muss leiden.

Wer seinen vorgegebenen Prüfungen ausweicht, wird immer wieder in leicht veränderter Form auf die gleiche Prüfung stoßen. Dies nennt man die Wiederkehr des Verdrängten.

Dabei nützt es nichts, die Hilfe anderer zu erbitten, denn die Prüfungen sind Stufen zum persönlichen Wachstum. So hilft es nichts, wenn der Vater die Hausaufgaben für den Sohn macht, denn daraus lernt der Sohn nichts. So ist es im Leben auch. Jede erfolgreich absolvierte Prüfung ist ein Schritt des Wachstums und der Weiterentwicklung. Daher muss jeder seine eigenen Prüfungen ablegen.

Der Sinn des Lebens ist es, Schritte in Richtung Vollkommenheit der Seele zu tun. Jeder noch so kleine Lernschritt bringt dabei die Seele ihrem Ziel näher. Der Zweck des Leides ist es, den Menschen auf seinen Weg aufmerksam zu machen und ihn anzuspornen, sich dem Lernprozess zu stellen. Wie es jemand passend ausdrückte: *»Das Leiden hat einen Sinn, wenn du selbst ein anderer wirst.« [28]*

Wo bleibt die Erinnerung?

Unweigerlich stellen sich die Menschen an dieser Stelle die Frage, warum sich die meisten Menschen dann nicht bewusst an frühere Inkarnationen erinnern können. Das Lernen wäre doch viel leichter, wenn man sich erinnern könnte und den Sinn unseres Daseins nicht vergessen würde. Dazu schrieb Johann Wolfgang von Goethe: *»Wie gut ist's, dass der Mensch sterbe, um die Eindrücke auszulöschen und gebadet wiederzukommen.«*

Wie würden Sie zum Beispiel reagieren, wenn Sie in diesem Leben dem Menschen begegnen würden, von dem Sie wissen, dass er Sie in ihrer letzten Inkarnation ermordet hat? Würden Sie ihm das heimzahlen wollen? Mit ein bisschen Nachdenken kommt jeder Mensch auf viele gute Argumente, welche uns das Vergessen als sinnvoll erscheinen lassen. Zumal es einleuchtend ist, dass der Mensch sich nicht an die Glückseligkeit des körperlosen Zustandes erinnern sollte, weil er sich danach sehnen würde.

Ferner wäre es unsinnig, dem Menschen das Wissen über die Pläne der Seele und zu bestehende Prüfungen zuteil werden zu lassen, denn dies hätte die gleiche Konsequenz, wie einem Schüler bei einer Prüfung die richtigen Lösungen einzusagen – er würde daraus nichts lernen.

Die Seele speichert im Laufe vieler Inkarnationen einen unermesslichen Erfahrungsschatz auf. Viel Erfahrung ist aber gleichbedeutend mit vielen Fähigkeiten. Jede Seele besitzt Massen an Fähigkeiten, während der Mensch jedoch nur Zugriff auf jene erhält, welche ihm in der jeweiligen Inkarnation von Nutzen sein können. Jedoch wird ihm der Zugriff auf solche Fähigkeiten verwehrt, welche ihn von seinem Lebensziel abbringen könnten.

Vielleicht waren Sie in einem Vorleben ein begnadeter Sänger mit einer einzigartigen Stimme. Wenn in ihrem aktuellen »Drehbuch« nicht steht berühmt und reich zu sein, werden sie in diesem Leben keinen Zugriff auf diese Fähigkeit haben.

Wir alle sind mit denjenigen Fähigkeiten und Talenten ausgestattet, die wir in diesem Leben benötigen. Daher ergibt es überhaupt keinen Sinn, sich mit anderen und deren Fähigkeiten zu vergleichen. Jeder Mensch besitzt jene Fähigkeiten, in Form von Talenten, die er in seinem Leben benötigt. Nicht mehr, aber auch nicht weniger. Sinn des Vergessens ist es, das Gehirn von unnötigem Ballast freizuhalten, damit diese freie Kapazität in der Gegenwart zur Verfügung steht.

Selbstmord als Ausweg?

Aus all den Erkenntnissen, die wir jetzt gewonnen haben, stellt sich das Thema Suizid auch in einem anderen Licht dar. Jeder Mensch will beachtet und wahrgenommen werden. Menschen begehen Suizid, wenn das Leben keine Qualität und Perspektive mehr für sie hat. Doch ein Mensch, der freiwillig aus emotionalen Gründen aus dem Leben scheidet, versagt seiner Seele die Möglichkeit des Lernens. Damit ist er seine unüberwindbar scheinenden Probleme aber nicht los.

Jemand, der einen Suizid verübt, wird erkennen müssen, dass auch ein geglückter Suizid nichts an seiner Situation ändert. Da wir unsterbliche Wesen sind, ist es nicht möglich, seinen quälenden geistigen Zuständen ein Ende zu setzen. Da das Bewusstsein nicht auszulöschen ist, merken Selbstmörder im Augenblick des Todes, dass sich das Bewusstsein beim Übergang vom Diesseits ins Jenseits in keiner Weise verändert. Die Probleme bestehen weiter und der Selbstmörder findet sich ab diesem Augenblick deprimiert in einer prekären Lage.

Moodys Patienten berichteten, dass *»die Konflikte, denen sie durch einen Selbstmord ausweichen wollten, immer noch existiert haben, wenn sie ›tot‹ waren, und zwar in noch schärferer Form. In ihrem körperlosen Zustand waren sie außerstande, aktiv an der Lösung ihrer Probleme zu arbeiten, vielmehr mussten sie ohnmächtig mit ansehen, welche unheilvollen Konsequenzen ihre Tat nach sich zog.« [29]*

Dies ist sehr leicht nachzuvollziehen. Die Seele ist da, um eine bestimmte Situation zu durchleben und zu erfahren. Die Person empfindet diese Situation, aus welchem Grund auch immer, als unüberwindbar und begeht Suizid. In dem darauffolgenden körperlosen Zustand überblickt sie jedoch die bestehende Situation und sieht auch den meist naheliegenden Ausweg aus der zuvor hoffnungslos erschienenen Lage. Doch nun besitzt der Mensch keinen Körper mehr, um irgendwelche Handlungen in der physischen Welt zu setzen. Vielmehr muss er hilflos aus der feinstofflichen Welt zusehen, welche Chance der Entwicklung er vergeigt hat.

Egal aus welcher Situation ein Mensch durch Suizid entfliehen will, die Situation oder das Problem bleibt bestehen. Seine Seele ist bestrebt, genau diese Situation und das Problem aufzulösen. Daher wird die Seele so schnell wie möglich inkarnieren, um in haargenau die gleiche Situation, mit haargenau den gleichen Problemen zu kommen, um diese Prüfung zu absolvieren.

Was hat der Mensch nun mit seinem Fluchtversuch gewonnen? Gar nichts, im Gegenteil. Das kleinste all der Probleme, die er sich schafft, ist die Tatsache, dass er viel Zeit zu seiner Entwicklung verschwendet hat. Denn in der Zeit, die die Seele braucht, um wieder in die gleiche Situation zu kommen, hätte sie viele andere Erfahrungen machen können.

Viel schwerer wiegt die Tatsache, dass ein Suizid eine Be- und Verurteilung der eigenen Seele darstellt. Dies ist die größte Verurteilung und die stärkste karmische Energie, die einer Seele auferlegt werden kann. Indem eine Person sich selbst verurteilt, verurteilt sie ihre Seele – und indem sie ihre Seele verurteilt, verurteilt sie auch Gott, indem sie ihm sein Geschenk vor die Füße wirft.

In der darauffolgenden Inkarnation wird die Person mit suizidalen Tendenzen und manisch-depressiven Neigungen behaftet sein. Bei allen Problemen, welche bis zum 35. Lebensjahr auftreten werden, wird immer die »Lösung« durch einen Suizid im Raum stehen. Erst wenn diese Person bis zum 35. Lebensjahr keinen Suizid verübt, ist das Karma aufgelöst und die Suizidgedanken verschwinden. Sollte diese Person jedoch ihren Suizidgedanken folgen und wieder Selbstmord verüben, sind bei der folgenden Inkarnation sämtliche Türen zu. Die Person wird keinen Kontakt zu ihrer Seele herstellen können und alles Wachstum wird ihr vorenthalten, obwohl sie sich spirituell entwickeln möchte. Dies dient dazu, um den Wert der Seele schätzen zu lernen.

Ein Suizid ist etwas Schreckliches, das man der Seele antut, und man kann sehr leicht erkennen, welche Hypothek man durch einen Suizid auf seine künftigen Inkarnationen aufnimmt. So berichten Menschen mit Nahtoderfahrung darüber, dass ihnen während ihrer Erfahrung klar wurde, dass ihnen im Leben zwei Dinge absolut verboten sind – nämlich sich selbst oder einen anderen Menschen zu töten. Sich selbst das Leben zu nehmen bedeutet die Verurteilung der eigenen Seele. Jemand anderen zu töten bedeutet die Pläne dessen Seele zu durchkreuzen. Beide Vorgänge ziehen schwere karmische Muster nach sich.

Der Wert der Seelen

Kommen wir zu einem Thema, unter dem der Großteil der Menschheit leidet – dem Selbstwert. Wir haben darüber bereits gesprochen, doch mit unserem jetzigen Wissensstand ist es notwendig, dem Thema einen wesentlichen Gesichtspunkt hinzuzufügen.

Jeder einzelne Mensch ist ein Kind Gottes und Träger einer Seele – und die ist ein Geschenk Gottes. Nun macht Gott bei dieser Art von Geschenk keinen Unterschied, was so viel bedeutet wie: *Jede Seele besitzt den gleichen Wert.*

Denken Sie bitte kurz über diesen Satz nach, um die volle Tragweite dieser Aussage zu erkennen. Jede Seele ist gleich viel Wert wie die Seele irgendeines anderen Menschen. Dies hat schon Jesus versucht den Menschen klarzumachen, als er sprach: *»Wer an mich glaubt, der wird auch die Werke tun, die ich tue, und wird größere als diese tun ...« (Joh. 14,12)* Mit diesem Ausspruch wollte Jesus verhindern, dass ihn die Menschen verehren. Sie sollten sehen, dass er nicht mehr wert war als sie, sondern erkennen, dass alle Seelen als Kinder Gottes gleichwertig sind.

Die meisten Menschen können oder wollen diese Tatsache nicht verstehen. Sie geben freiwillig ihre Macht an andere ab, anstatt selbst den Platz im kosmischen Gefüge einzunehmen, der ihnen rechtmäßig zusteht. Die Menschen beten Wesenheiten an, die sie als mächtiger und wertvoller ansehen als sich selbst.

Jede Seele wird vom Schöpfergott gleichermaßen geliebt, denn jede einzelne Seele stellt einen bewussten Ausdruck von ihm dar. Alle Seelen verfolgen das gleiche Ziel der Entwicklung. Einige sind weiter als andere, wiederum andere sind vielleicht schneller in ihrer Entwicklung. Aber das spielt schlussendlich keine Rolle, denn hier handelt es sich nicht um ein Wettrennen, bei dem es Sieger und Verlierer gibt. Und universell gesehen gibt es keine Zeit. Zeit ist einzig und allein dazu da, die Materie in Bewegung zu halten. Geistige Wesen unterliegen keinem Zeitmaß.

Wenn wir nun wissen, dass alle Seelen den gleichen Wert besitzen und jede Seele ALLE Erfahrungen machen muss, erkennen wir, dass jede Form von Diskriminierung eines anderen Menschen oder einer Menschengruppe absolut unsinnig ist. Wer weiß schon, ob er in seiner nächsten Inkarnation als Weißer, Indianer, Asiat oder als dunkelhäutiger Mensch inkarnieren wird? Oder ob als Mann oder Frau; oder arm oder reich. Diskriminierung entspringt immer mangelndem Wissen über die Reinkarnation und dem Ego eines Menschen. Erinnern wir uns: das Ego im Menschen ist diejenige Instanz, welche verurteilt.

Solange die Menschen nicht erkennen, dass all die Seelen den gleich hohen Wert besitzen, werden sie sich von jenen führen lassen, die sie für wichtiger, gescheiter oder wertvoller halten. Wer erkennt, dass nicht die Größe des Autos, Hauses oder Bankkontos das Entscheidende im Spiel des Lebens ist, wird sich nicht mehr manipulieren lassen.

Genauso ist die Dauer der irdischen Schulbildung kein universeller Gradmesser der Reife, sondern vielmehr ein Gradmesser unserer Gesellschaft. So kann der Hochschulabsolvent, von der Schule des Lebens aus gesehen, ungebildeter sein als ein Mensch, der nur die Volksschule absolviert hat.

Wie wär's denn mit Gerechtigkeit?

Ich möchte, um das Thema der Reinkarnation abzuschließen, an dieser Stelle noch auf das Thema Gerechtigkeit im Leben eingehen. Die Gerechtigkeit im Leben, an der so viele zweifeln und manche auch verzweifeln, liegt in der Lehre der Reinkarnation.

Wer das Leben als einmaliges Ereignis betrachtet, wird in diesem einen Leben keine Gerechtigkeit erkennen. Wer jedoch sein Leben in einer langen Kette von Inkarnationen sieht, in der die Seele ALLE Erfahrungen machen muss und darf, der erkennt, wo die Gerechtigkeit liegt.

Dass nicht alle Menschen mit den gleichen Voraussetzungen ins Leben treten, ist offensichtlich. So tun sich Atheisten und religiöse Menschen, welche die Reinkarnation leugnen, schwer, jemandem den Sinn und die Gerechtigkeit im Leben zu erklären, wenn dieser arm, krank oder behindert ist. Jemand, der den Reinkarnationsgedanken begriffen hat, weiß, dass jede Seele einmal in diese Lage kommt, da sie ALLE Erfahrungen machen muss, auch die weniger tollen.

Übrigens: Bitte sehen sie behinderte Menschen nicht als das an, als was sie scheinen. Von Geburt an behinderte Menschen sind keine »armen Sünder«, welche irgendwelche karmischen Dinge ausbaden.

Im Gegenteil, behinderte Menschen sind hoch schwingende, besondere Seelen, welche hier inkarnieren, um den anderen Menschen zu signalisieren: »Sieh mich an, ich bin nicht so, wie ich auf den ersten Blick erscheine.« Wie schrieb Antoine de Saint-Exupéry? *Nur mit dem Herzen sieht man gut ...*

Das Gesetz des freien Willens

Wenn es sich beim Gesetz des Karmas um das bekannteste aller universellen Gesetze handelt, so ist das Gesetz des freien Willens wohl das wichtigste und höchste persönliche Gesetz. Alle anderen Gesetze sind diesem einen untergeordnet.

Niemand, aber auch wirklich niemand hat das Recht, sich in den freien Willen eines anderen einzumischen. Nicht einmal Gott greift in den freien Willen der Menschen ein. Denn er weiß, dass von allem, was ein Mensch tut, dieser Mensch Erfahrung sammelt – und das ist es schließlich, worauf es im Leben ankommt.

Der Schöpfergott mischt sich aber auch dann nicht ein, wenn es für die Menschen darum geht, ihr selbstverursachtes Karma zu erfahren.

Auch die geistige Welt respektiert den freien Willen der Menschen – mit Ausnahme der Bewohner der negativen Astralwelt. Man kann die Wesen in der geistigen Welt zwar um Führung oder Hilfe bitten, aber niemals werden diese wohlwollenden Wesen für einen Menschen eine Entscheidung treffen. Denn damit würden sie den Menschen um dessen Lernerfahrung bringen und gleichzeitig dessen Karma auf sich nehmen.

Selbst die Seele greift nicht in den freien Willen des Menschen ein. Obwohl sie den Menschen geschaffen und das Drehbuch seines Lebens geschrieben hat, respektiert sie den persönlichen, freien Willen des Menschen und liebt den Menschen uneingeschränkt.

Wer greift nun in den freien Willen des Menschen ein?

Wie wir im letzten Kapitel über das Gesetz der Wiederverkörperung gesehen haben, gibt es kosmische Mechanismen, welche in Kraft treten, wenn sich ein Mensch dickköpfigerweise weigert, festgesetzte Prüfungen abzulegen. Das Pferd, das nicht springt, wird dazu veranlasst, es sich vielleicht doch anders zu überlegen. Doch auch hier ist der freie Wille des Menschen vorhanden. Er kann entweder die Prüfung ablegen oder sich noch hartnäckiger weigern, und damit das Schicksal um noch deutlichere Zeichen bitten.

Was unseren freien Willen beträchtlich einschränkt, sind die Konsequenzen unserer Handlungen. Diese Handlungen folgen determinierten Abläufen. Wenn es darum geht, die Konsequenzen unserer eigenen Taten zu tragen, unterliegt unser freier Wille. Doch da Karma per se den Taten unseres eigenen freien Willens entspringt, ist es wiederum so, dass Karma eine selbst gewählte Lernerfahrung darstellt, also wieder aus einer freien Willensentscheidung hervorgeht.

Was uns weiter in der Ausübung unseres freien Willens beschränken kann, ist der freie Wille anderer Menschen. Solche Übergriffe gibt es schon seit jeher. Jede Seele, die inkarniert, begibt sich in die Situation, Übergriffen fremder Egos ausgesetzt zu sein. Nachdem die Erde ein Platz ist, auf dem der persönliche, freie Wille gilt, sind solche Übergriffe jederzeit möglich. Jeder Mensch besitzt die Möglichkeit, seinen freien Willen zu missbrauchen, um damit den freien Willen eines anderen zu manipulieren.

Dass diese Handlung nicht im Einklang mit den universellen Gesetzen steht, wissen wir. Und wer gegen universelle Gesetze verstößt, der unterliegt insbesondere dem Gesetz des Ausgleichs oder anders ausgedrückt: Wer den persönlichen, freien Willen anderer nicht respektiert, der schafft sich selbst Karma.

Wer im Geltungsbereich der Polarität inkarniert, der wird schnell merken, dass es positive und negative Handlungen gibt – und wird Personen begegnen, welche diese Handlungen setzen. Dabei kommt es wieder auf unseren freien Willen an, wie wir auf negative Handlungen uns gegenüber reagieren.

Das Gesetz des freien Willens beruht auf einer Wahlmöglichkeit. Diese Möglichkeit des Wählens entsteht auf der Basis der Polarität. Die Polarität erzeugt das Handlungsfeld zwischen jenen Polen, die es den Menschen ermöglichen, Entscheidungen zu treffen. Erst durch die Polarität ist die Ausübung des freien Willens überhaupt möglich.

Der freie Wille ist das Einzige, was ein Mensch »besitzt«, alles andere ist nur geliehen. Durch den freien Willen ist jeder Einzelne hierhergekommen. Niemand hat ihn dazu gezwungen – er wollte es so.

Der Mensch darf also eigenständig Entscheidungen treffen – und diese bringen ihn dann, gemäß dem Gesetz der Affinität, in Verbindung mit den entsprechenden Menschen, Situationen, Orten und Handlungen. Der freie Wille befähigt die Menschen dazu, gemäß ihren Ansichten und Überzeugungen ihr Leben zu gestalten und in jeder einzelnen Situation zu entscheiden, wie sie auf äußere Einflüsse reagieren wollen. Dabei sei zu bedenken, dass die Freiheit hinter jenen Mauern verborgen ist, die sich jeder selbst gebaut hat.

Den Menschen wird vom freien Willen das Recht auf Wissen eingeräumt. Gleichzeitig besteht aus demselben Grund aber auch ein Recht auf Unwissenheit. Ebenso verhält es sich mit dem Glauben. Ob ein Mensch in irgendwelcher Form an Gott glaubt oder als Atheist lebt, obliegt allein seiner Entscheidung. Die Existenz Gottes anzuerkennen, ist letztendlich auch keine Sache des Glaubens, sondern eine Sache der individuellen Erkenntnisfähigkeit.

Die Menschen haben die Freiheit zu glauben, was sie glauben wollen. Jeder darf sich der Wahrheit öffnen oder sich ihr verschließen. Nachdem jeder Mensch das Recht besitzt, selbst zu entscheiden, womit er sich befassen will, ist jede Form von Zwang oder ein Überstülpen einer anderen Meinung ein Verstoß gegen das Gesetz des freien Willens. Niemand hat das Recht, einem anderen Menschen seine Ansichten und Überzeugungen aufzuzwingen.

Da Mutter Erde eine Schule des Lebens ist und sich daher jede Menge Schüler verschiedenster Entwicklungsstufen auf ihr tummeln, ist es nicht rechtmäßig, die eigene Entwicklungsstufe auf andere Menschen umzulegen. Das gilt in aufsteigender oder absteigender Form. Die Menschen sind in ihrer Entwicklung und Erkenntnisfähigkeit einfach nicht gleich weit.

Wenn man den eigenen Grad der Entwicklung auf andere projiziert, kann man sich sicher sein, dass man den anderen falsch einschätzt. Abgesehen davon, dass es keinen Sinn hat, das Weltbild eines anderen zu missionieren – weil der nicht verstehen kann, was er noch nicht erfahren hat –, ist es auch ein Verstoß gegen die universellen Gesetze. Egal auf welcher gesellschaftlichen Ebene dies geschieht, ein solches Verhalten zieht Konsequenzen, in Form von Karma, nach sich – egal, ob jemand darüber weiß oder nicht – oder ob jemand daran glaubt oder nicht.

Der einzig richtige Weg ist es, den Menschen einen Weg zu zeigen. Dies versuchte schon Jesus den Menschen klarzumachen, als er sagte: *»Ich bin der Weg.« (Joh. 14,6)* Nicht er als Person, sondern die Art, wie er lebte. Jesus wollte nicht die Anbetung der Menschen, sondern dass sie es ihm gleichmachen sollten. Er hat den Menschen den Weg gezeigt. Ob die Menschen diesen Weg dann gehen oder lieber erst andere Möglichkeiten ausprobieren wollen, liegt in der Entscheidung jedes Einzelnen.

Der freie Wille schenkt uns Menschen die Freiheit, legt uns aber auch Verantwortung für unser Tun und Handeln auf. Gemäß unserem freien Willen treffen wir Entscheidungen, setzen Handlungen und senden damit, gemäß dem Gesetz von Ursache und Wirkung, Energien aus, die unsere Umwelt und unsere Zukunft beeinflussen. Daher tragen wir die Verantwortung sowohl für unser Tun als auch für unser daraus resultierendes Schicksal.

Wer diese Verantwortung nicht für sich selbst übernimmt, sondern sie an andere abgibt, beraubt sich selbst der Ausübung des freien Willens. Wer die Selbstverantwortung an andere abtritt, der verneint die Rechte an der eigenen Person, und damit das eigene Potenzial, sein Leben zu bestimmen. Viele Menschen machen dies aus Unsicherheit und Furcht. Sie hängen am Kleinen und scheinbar Sicheren, da dies für sie leichter greifbar erscheint. Anstatt sich ihres eigenen, gottgegebenen Potenzials gewahr zu werden, tauschen sie die Verantwortung für ihr Schicksal gegen ein kleines bisschen Sicherheit.

Doch wer dieses bisschen Sicherheit der Freiheit der Selbstverantwortung vorzieht, muss zwangsläufig ein Handlanger derer sein, die die Verantwortung für ihn übernommen haben. Doch wer die Verantwortung hat, der hat die Macht. So ist der Mensch, welcher die sichere Ecke im Leben bevorzugt, der Willkür anderer ausgeliefert.

Mulford beschreibt dies so: *»Ich habe in Redaktionen neben hoch gebildeten, staatlich über- und übergeprüften Männern gesessen, deren Hirne Lagerhäuser an Wissen waren, aber wenig sonst, die hackten mit ihren Federn emsig um acht Dollar per Woche an jeder Arbeit, die ihnen der Chef vorlegte, und schrieben und raunzten und raunzten und schrieben, die armen Hunde, weil ihre Begabung, wie sie sagten, nicht mehr Anerkennung fände. Und immer redeten sie davon, was sie alles tun würden, böte sich ihnen nur einmal eine bessere ›Möglichkeit‹. Und sie eiferten gegen dies merkantile Zeitalter und gegen das merkantile Gebaren des Unternehmens, für das sie schrieben, und nie wurde es helle genug in ihnen, zu erkennen: die einzige ›Möglichkeit‹ in dieser Welt für einen Mann, seine Ideen zu lüften, ist: Verantwortung übernehmen und sich die Möglichkeiten selbst schaffen – wie es der Chef im ersten Stock getan hatte, der ihnen den Wochenlohn ausbezahlte und sie ausnützte als literarische Maulwürfe, weil sie selbst nie wagen würden, etwas anderes zu sein.« [30]*

Erfolg liegt immer in der Verantwortung, eigene Entscheidungen zu treffen. Die Entscheidung, Verantwortung zu übernehmen, zieht immer die volle Entfaltung unserer Kräfte und Fähigkeiten nach sich.

Das Gesetz des Flusses

Das unscheinbarste der universellen Gesetze ist wohl das Gesetz des Flusses. Bei genauerer Betrachtung fällt jedoch schnell auf, welche ungeheure Bedeutung diesem Gesetz im Leben der Menschen zukommt. Beim Gesetz des Flusses ist die Eigenschaft der Interaktion mit den anderen kosmischen Gesetzen besonders ausgeprägt. So ist es untrennbar mit dem Gesetz der Fülle verbunden, was zur Folge hat, dass man beim Versuch des Erklärens und Verstehens abwechselnd zwischen diesen beiden pendelt. Daher wollen wir versuchen, beide so gut wie möglich zu unterscheiden.

Das Gesetz des Flusses könnte man zum besseren Verständnis mit dem Kreislauf des Lebens vergleichen. Denken wir einfach an das Wasser, welches im Meer verdunstet, aufsteigt, über dem Festland wieder auf die Erde herabfällt und sich dort seinen Weg zurück ins Meer sucht. Dabei muss man sich den Unterschied zwischen einem Fluss und einem starren, unbeweglichen Gegenstand vergegenwärtigen. Der Fluss ist in Bewegung, er verändert sich, seine Breite, Tiefe, Geschwindigkeit.

Veränderung ist eine von nur zwei Konstanten im Universum. Die zweite Konstante ist das Licht und die Liebe Gottes. Alles fließt, alles verändert sich. Die Dinge, die wir als konstant betrachten, verändern sich nur so langsam, dass sie uns als konstant erscheinen. Doch das sind sie nicht. Ein Beispiel für eine

Variable, welche wir als konstant betrachten, ist die Zeit. Physiker wissen um den Umstand, dass die Zeit einer ständigen Veränderung unterliegt. So könnte man das Gesetz des Flusses auch als die Konstante der Veränderung bezeichnen.

Schon der griechische Philosoph Heraklit erkannte die Tatsache, dass es unmöglich ist, zweimal in den gleichen Fluss zu steigen. Denn, obwohl ein Fluss für uns Menschen zu verschiedenen Zeiten gleich aussieht, ist er in Wirklichkeit jedes Mal von anderer Konsistenz. Die Inder bezeichnen dies als Maya – als Illusion. Gewässer erscheinen uns als gleichbleibend, obwohl sie es nicht sind.

Auch der menschliche Körper unterliegt in mehrfacher Hinsicht dem Gesetz des Flusses. In der Traditionellen Chinesischen Medizin kennt man die Energieflüsse im Körper. Wenn im Körper Blockaden auftreten, wird der Energiefluss gestört und es kommt zu Stauungen, Schmerzen und Krankheit. Dies kann durch die Akupunktur beseitigt werden.

Heraklit behauptete, dass der menschliche Körper eher mit einem Fluss, bestehend aus Energie und Information, zu vergleichen ist als mit einem festen Gebilde. Unser Körper verändert sich. In jeder Sekunde sterben Zellen ab und werden durch neue ersetzt. So kommen wir nicht mit exakt dem gleichen Körper aus dem Urlaub zurück, mit dem wir die Reise angetreten haben. Der Wunsch »Bleib so, wie du bist« ist unmöglich zu realisieren, denn allein der Körper, mit dem wir morgens erwachen, ist nicht mehr der gleiche, mit dem wir uns am Abend zuvor zu Bette begaben.

Leben existiert auf der Grundlage des Gesetzes des Flusses. Wenn dieses auf Dauer missachtet wird, kommt es unweigerlich zu Blockaden, Stillstand, Not, Armut, Schmerz und Krankheit.

Der Fluss verbindet alle Dinge miteinander, er durchdringt alles. Alles, was man in den Fluss bringt, kommt auf die eine oder andere Art zurück. Wer gibt, dem wird gegeben, wer alte und gebrauchte Dinge weggibt, und damit in den Fluss bringt, schafft Platz für Neues. Energien gehen von einem weg und kommen wieder zurück, es ist ein ständiges Fließen von Energien in verschiedensten Formen.

Das Gesetz des Flusses besagt, dass jeder mehr zurückbekommt, als er gibt. So wird sein Leben bereichert. Wer das Gesetz des Flusses versteht und befolgt, der stellt die Weichen für stetiges Wachstum auf allen Ebenen.

Wer jedoch krampfhaft an alten Dingen festhält, blockiert den Fluss und verbaut den Platz für Neues. Dieses kann dann nicht in sein Leben treten. Wohin auch, wenn kein leerer Raum vorhanden ist? Wer in seinem Leben Blockaden produziert, gleicht einem, der Dämme baut. Wer sich hinter einem Damm ansiedelt, darf sich nicht wundern, wenn er wenig Wasser hat. Doch, wer einen Damm baut, kann den Fluss nur eine Zeit lang aufhalten – entweder die Dämme brechen oder das ganze Umland wird überschwemmt.

Dies gilt für alle Bereiche des Lebens; sowohl für materielle als auch für nichtmaterielle Dinge. Wer zum Beispiel Wissen für sich zurückbehält und dieses nicht mit anderen teilt, um einen Vorteil daraus zu ziehen, blockiert im Endeffekt sich selbst. Wer Wissen und Weisheit nicht weitergibt, kann auch kein neues Wissen erlangen. Der Fluss versiegt, Stillstand tritt ein.

Denken wir einmal daran, wie viele Menschen in Beziehungen stecken, die sie eigentlich gar nicht mehr führen wollen. Die Angst vor Veränderung hält sie davon ab, eine leblose Beziehung zu beenden. Meist finden die Menschen für sich ganz fadenscheinige Ausreden; zum Beispiel muss man erst warten, bis die Kinder groß sind, das Haus abbezahlt ist, oder überhaupt auf eine passende Gelegenheit warten …

Tatsache ist jedoch, dass die Menschen sich auf der einen Seite nach Veränderungen zum Guten im Leben sehnen, auf der anderen Seite nackte Angst vor Veränderungen – vor dem Unbekannten haben. Doch wozu soll das gut sein? Soll man sich an das Unliebsame gewöhnen, weil man sich davor fürchtet, Liebliches zu suchen und auch zu finden? Ein kluger Mensch hat diesbezüglich geäußert, dass man das angenehme Lied der Liebe auch auf anderen Musikinstrumenten erklingen lassen kann als nur auf dem, welches man bereits kennt …

Das Gesetz des Flusses lehrt uns, wie Geben und Nehmen einander bedingen. Logisch, stellen sie doch gemeinsam die Pole einer Polarität dar. Wenn nach dem Gesetz der Schwingung das Pendel in die Richtung des Gebens bewegt wird, muss es danach in die Gegenrichtung schwingen. *Wer gibt, dem wird gegeben.*

Niemand darf ernsthaft erwarten, das Pendel permanent auf der Seite des Nehmens zu halten. Das Gesetz des Rhythmus verlangt nach dem Wechsel. Geben und Nehmen müssen sich in etwa die Waage halten, dann ist es auch in Ordnung, wenn man etwas mehr nimmt, als man gibt, und somit Wachstum erlangt.

Dies sollten wir uns auch im Umgang mit den Ressourcen von Mutter Erde ins Gedächtnis rufen. Es gibt eine Fülle an Geschenken, die uns die Natur bietet. Wenn wir dies zu wenig schätzen und die Erde ausbeuten, ihr nichts zurückgeben, dann wird die Fülle weniger und weniger. So verlieren Böden durch Raubbau an Fruchtbarkeit. Jeder Landwirt kann erklären, warum dies so ist. Doch der Wahn des ewigen Wirtschaftswachstums treibt die Menschen zum Raub an den Schätzen von Mutter Erde. Gier frisst Hirn.

Wenn der Mensch massiv in die Natur eingreift z. B. Rodungen des Regenwaldes, Ausbeutung der Natur, schafft er ein Ungleichgewicht. Folgen davon sind das Aussterben der Tiere und Naturkatastrophen. Ohne das Eingreifen der Menschen wäre die Erde ständig in einem Zustand des Flusses, in einem Zustand des harmonischen Kreislaufes. Durch die unermessliche Gier des Menschen gibt es ein Ungleichgewicht zwischen Geben und Nehmen.

Wir bringen Mutter Erde nicht einmal Achtung und Dank für ihre Gaben entgegen, geschweige denn, dass wir aktiv etwas für den Erhalt ihrer Gesundheit und Schönheit tun. Die Erde wird von uns Menschen regelrecht dazu gezwungen, durch Naturkatastrophen die übermäßige Ausbeutung durch die Menschen zu kompensieren. Wir dürfen uns angesichts der Naturkatastrophen nicht fragen, warum uns die Erde manchmal feindlich behandelt und warum Gott solch großes Leid zulässt. Wir müssen erkennen, dass diese Katastrophen die Folge der Ausbeutung und der Manipulation der Erde sind – das Gesetz von Ursache und Wirkung in Reinkultur.

Wie wir sehen ist das Gesetz des Flusses, so unscheinbar und harmlos es auch klingen mag, mitentscheidend dafür, ob wir glücklich leben oder leiden. Seine Bedeutung ist eine immense, obwohl dies auf den ersten Blick nicht klar ersichtlich ist.

Das Gesetz der Fülle

Da wir nun mit dem Gesetz des Flusses vertraut sind, können wir auf dieses Wissen aufbauen und uns daranmachen, das Gesetz der Fülle zu ergründen. Dabei werden wir rasch erkennen, dass das Gesetz des Flusses die Grundlage für das Gesetz der Fülle darstellt. Denn ohne Fluss gäbe es keine Fülle. Dabei ist es das wichtigste Fundament des Ausdrucks des Lebens.

Es ist nicht einfach, sein Leben nach dem Gesetz der Fülle zu führen. Diese Art des Lebens erfordert ein hohes Maß an Vertrauen – und genau dieses wird den Menschen der heutigen Zeit von allen Seiten vorenthalten. Erziehung, Gesellschaft, Religion; von allen Seiten wird der Aufbau von Vertrauen ins Leben torpediert. Aus eigennützigen Gründen werden Menschen ohne Vertrauen und Selbstvertrauen gehalten, um sie leichter führen zu können. Die Gedanken der Menschen werden auf Äußerlichkeiten gerichtet und Materielles als Sicherheit suggeriert.

Doch gibt es keine Sicherheit, welche auf materiellem Besitz beruht, die uns vor irgendetwas schützen und bewahren könnte. Weltliche Güter sind uns nur für eine beschränkte Dauer geliehen. Ein chinesisches Sprichwort lautet: *»Das Leben ist wie eine Brücke. Gehe darüber, aber versuche nicht dein Haus darauf zu bauen.«* Doch genau das Leben festzuhalten, versuchen die meisten Menschen. Als würde es ein Spiel geben mit dem

Titel »Wer wird der reichste Mann vom Friedhof?«, akkumulieren die Menschen materielle Güter, ohne zu merken, dass erstens materielle Güter nur eine Kompensation für verschiedenste persönliche Defizite darstellen; und dass zweitens die Menschen Dinge wegen des »Habens« besitzen wollen, nicht wegen der Sache selbst.

Fülle entsteht auf der Basis von Geben und Nehmen, durch das abwechselnde Wirken von männlichen und weiblichen Energien. Dabei beginnt der vollständige Ablauf der Ereignisse mit den männlichen Energien, dem Geben. Danach kommen die weiblichen Energien des Annehmens.

Dann folgen die Schritte, welche in der heutigen Zeit vernachlässigt werden: das Benutzen, anschließend das Loslassen und zu guter Letzt das Wieder-in-den-Fluss-Bringen. Unsere Gesellschaft und unser Denken sind jedoch davon geprägt, materielle Güter nicht wieder loszulassen, sondern festzuhalten; und darin liegt der kapitale Fehler.

Das Gesetz der Fülle könnte man gleichsetzen mit dem Wissen um die Bedeutung von materiellem Besitz. Es gleicht einem universellen Fluss von Energie, welcher ewig im Wandel und in Bewegung ist. Dieses Gesetz spiegelt die Tatsache, dass für jedes Lebewesen dieses Universums alles, was es braucht, im Überfluss vorhanden ist. Damit sind nicht nur materielle Güter gemeint, sondern Energien aller Art – wie Informationen, Wissen und Weisheit.

Diese Aussage steht im krassen Widerspruch zu unserer so genannten Realität. Die Gründe dafür liegen in den Ansichten unserer modernen Gesellschaft und in unserer frühkindlichen kognitiven Programmierung. Das Gesetz der Fülle ist eng verknüpft mit dem Gesetz des Flusses. Und genau dieser Fluss ist in unserer »modernen« Gesellschaft unterbrochen.

Wenn die Menschen Dinge brauchen, so ist nach dem Gesetz der Fülle alles für sie da, was sie benötigen. Das Gesetz des Flusses bringt das Benötigte zu ihnen. Sie nehmen es aus dem Fluss, gebrauchen es und geben es wieder zurück.

Indem sie es zurückgeben, schaffen sie Platz für Neues. Wenn sie jedoch glauben, etwas so sehr zu brauchen, dass sie es besitzen wollen, und dieses Objekt auch in Besitz nehmen und festhalten, greifen sie störend in das Gesetz des Flusses ein.

Sobald das Ego der Menschen eingreift und sagt: »Das ist meins«, entstehen Dämme, denn der Fluss ist gestört. Dinge die von Menschen in Besitz genommen wurden, werden starr und unbeweglich, denn die Menschen haben versucht zu besitzen, was man nicht besitzen kann, weil diese Dinge ein Teil des Universums sind. Diese Güter verlieren an Glanz, sie erfreuen die Menschen nicht mehr, bereichern ihr Leben nicht mehr. Sie werden den Menschen mit der Zeit gleichgültig oder fallen ihnen zur Last.

Je mehr Dinge ein Mensch festhält, desto weniger ist er frei. Durch das Festhalten der Güter wird er starr und verliert an Lebendigkeit. In Besitz genommene Dinge bringen Starre ins Leben, Unbeweglichkeit und auch Angst. Denn wenn sich die Menschen mit ihrem »Besitz« identifizieren, entwickeln sie die Angst, ihn zu verlieren. Durch diese Angst verlieren sie ihre Lebendigkeit und Leichtigkeit, ihre Freiheit und Freude.

Die Menschen wollen die Materie besitzen, und horten so die Dinge, die vermeintlich ihnen gehören. Sie bedenken nicht, dass die Materie die Polarität zum Geist darstellt, das Dunkel zum Licht. Einige wenige – gemessen an der Gesamtzahl der

Erdbevölkerung – horten so viele Besitztümer, dass für viele andere zu wenig da ist. Doch das verstößt gegen das Gesetz. Dieses kann aber nicht auf ewig missachtet werden. Und so wird der Energieaufwand, um dieses Ungleichgewicht aufrechtzuerhalten, immer größer, bis der Damm schlussendlich bricht. Die Geschichte ist voll von solchen Beispielen.

Fülle und Freude sind das Gegenteil dessen, was unsere Gesellschaft produziert. Die Menschen denken permanent an die Dinge, die ihnen zu ihrem vermeintlichen Glück fehlen, anstatt sich an den Dingen zu erfreuen, die für sie da sind. Lebensfreude entsteht aus dem Gesetz der Fülle, das Negieren oder Verstoßen gegen das Gesetz bringt Sorgen und Angst.

Das Befolgen des Gesetzes des Flusses bringt den Lebewesen Lebendigkeit, Leichtigkeit, Freude, Unbeschwertheit, Sicherheit. Doch wenn die Menschen es missachten und gegen das Gesetz verstoßen, bringt dies das genaue Gegenteil. Die Natur basiert auf dem Gesetz der Fülle und beweist uns, dass es funktioniert.

Machen wir uns noch ein paar Gedanken zum Thema »Besitz«. Was ist Besitz eigentlich? Genau betrachtet ist »Besitz« das, was die Inder als Maya, als Illusion, bezeichnen. Nimmt man es ganz genau, ist Besitz sogar eine Illusion in einer Illusion – also eine doppelte Illusion.

Jeder Physiker kann belegen, dass Materie eigentlich gar nicht existiert, sondern hervorgerufen wird durch die schnelle Bewegung atomarer Teilchen. Diese Bewegung erzeugt den Eindruck fester Materie. Aber dieser Eindruck täuscht, denn Materie besteht zu 99,9999 % aus Nichts, aus leerem Raum. Wenn nun ein Mensch behauptet, ein materielles Gut zu besitzen, besitzt er im Prinzip eine Illusion – also Besitzansprüche auf eine Fata Morgana.

Außerdem können wir Menschen gar nichts Materielles besitzen können, da wir nur auf dieser Erde Gast sind. Alles, was auf Mutter Erde in materieller Form existiert, gehört auch ihr. Sogar unser menschlicher Körper geht nach unserem physischen Tod wieder in den Besitz von Mutter Erde zurück. Er war, wie alles andere auch, nur für eine bestimmte Zeit geliehen. Mutter Erde wiederum ist ein Teil der universellen Schöpfung, geschaffen durch einen Gedanken des Schöpfergottes.

Wenn man »Besitz« auf menschlicher Ebene betrachtet, so offenbart dieser so manche Eigenheit. Wie wir wissen, machen Dinge, die wir festhalten, unser Leben starr und unbeweglich. Und wer seinen Besitz krampfhaft festzuhalten versucht, wird von seinem »Besitz« in Besitz genommen. Denn, was uns Sorgen bereitet, nimmt unsere Gedanken, und damit uns selbst, in Besitz.

Manche Menschen besitzen ein Haus, doch die Realität sieht so aus, dass meistens das Haus sie besitzt. Die Gedanken der Menschen kreisen um ihr Haus, die Finanzierung, den Erhalt, die Verschönerung, die Sorge um einen eventuellen Verlust. Das Haus steht da und tut von sich aus nichts. Der Besitzer geht zur Arbeit, um das Haus zu finanzieren, steckt seine Freizeit in die Pflege und in den Erhalt der Immobilie und die wenige Zeit, die ihm noch bleibt, kann er nicht genießen, weil seine Gedanken rund ums Haus oder die Arbeit kreisen. Wer besitzt nun wen? Ist es nicht so, dass der Besitzer zum Sklaven des Besitzes geworden ist, zum Diener des Hauses?

»Was mir Sorgen macht, besitzt mich«, meint auch Mulford. *»Wenn ich haste und schussle, um meinen Hühnerstall bis mor-*

gen Abend fertig zu bekommen – dann hat der Hühnerstall mich. Wenn ich mich nicht den Kuckuck drum schere, ob der Hühnerstall diese Woche oder diesen Monat fertig wird, dann habe ich den Hühnerstall.

Ich sah einmal einen Mann, dessen unversichertes Haus abbrannte, sich davor setzen und den Flammenschein und das ganze Getriebe ringsum genießen. Der Mann hatte immer noch das Haus.« [31]

Nicht anders ist es mit all den unnötigen Dingen, mit denen die Menschen ihr Heim verzieren. Mitbringsel aus dem Urlaub, gutgemeinte Geschenke von Verwandten und all die nutzlosen Dinge, welche uns von der Werbung einsuggeriert wurden – sie alle haben eines gemeinsam: sie sind keinem Bedürfnis entsprungen, doch haben sie sich unseren Wohnraum zum Quartier genommen. Sie bereichern unser Leben nicht, sondern belasten es, indem sie unsere Aufmerksamkeit auf sich ziehen; jedoch nicht um uns zu erfreuen, nein, sie rufen uns zu, sie vom Staub zu befreien und zu pflegen. Wer besitzt da wen?

Vom Standpunkt des Lebens aus sollten wir gar nichts besitzen wollen, was wir durch den Fluss der Fülle bekommen. Alles, was wir erwerben, das benutzen wir. Wenn wir es nicht mehr brauchen, dann geben wir es weiter. Wer sich keine Sorgen macht, begrenzt sich nicht selbst. Wer sich selbst keine Begrenzungen setzt, bietet dem Fluss die Möglichkeit, Fülle zu ihm zu bringen. Und wer dies schafft, der wird nie Not leiden.

Das Gesetz der Anziehung

Wir sind nun beim letzten der zwölf universellen Gesetze angelangt. Es ist zwar das letzte in der Reihe, jedoch handelt es sich beim Gesetz der Anziehung um das wichtigste universelle Gesetz in Bezug auf die Gestaltung des eigenen Lebens. In den vorangegangenen Gesetzen haben wir gesehen, wie das Leben allgemein funktioniert, an diesem Gesetz werden wir sehen, wie das Leben des Einzelnen Gestalt annimmt.

Dem Gesetz der Anziehung wohnt etwas Magisches inne. Hier schließt sich der Kreis, hier fügen sich die universellen Gesetze aneinander und ergeben das Mysterium, welches wir Menschen als das Geheimnis unseres Lebens bezeichnen.

Dieses Gesetz steht deshalb an der letzten Stelle, weil man es erst in vollem Umfang verstehen kann, wenn man die Grundzüge des Lebens unter Zuhilfenahme der anderen 11 Gesetze erkannt hat. Nur wer die Zusammenhänge kennt, begreift, wie das Gesetz der Anziehung wirkt, wie man es anwendet, aber auch, wo es an seine Grenzen stößt.

In den letzten Jahren ist eine wahre Flut an »Wunscherfüllungsbüchern« über das Gesetz der Anziehung erschienen. Diese Bücher behandeln das Thema in allen Einzelheiten, verschweigen dem Leser jedoch, dass das Gesetz der Anziehung nur ein Gesetz von zwölf universellen Gesetzen ist. Dies bedeutet für die Menschen aber, dass die Anwendung der Techniken und Praktiken nur teilweise funktionieren kann, da es unmöglich ist, ein Gesetz isoliert anzuwenden und die anderen Gesetze zu ignorieren. Das Gesetz der Anziehung ist genauso stark mit allen anderen Gesetzen verknüpft, vielleicht sogar noch stärker, weil hier alle Fäden zusammenlaufen. Doch nur, wer alle universellen Gesetze kennt, sieht, wie komplex das Leben ist, in welchem Ausmaß die Gesetze ineinanderspielen und wie er sein Leben in die gewünschte Richtung lenken kann.

Der Vollständigkeit halber sei erwähnt, dass das Gesetz der Anziehung auch unter dem Begriff »das Gesetz der Affinität« bekannt ist.

Das Gesetz der Anziehung besagt:

Gleiches zieht Gleiches an

Wie innen, so außen

Unsere Gedanken formen unser Leben

1. Gleiches zieht Gleiches an

Diese Aussage gilt über mehrere Ebenen, doch wollen wir uns hier erst einmal mit der physischen Ebene auseinandersetzen. Bei uns Menschen ziehen sich Gleichgesinnte an. Der Kranke den Kranken, der Reiche den Reichen, der Betrüger den Betrüger, der Fromme den Frommen, der Katzenfreund den Katzenfreund, der Hundeliebhaber den Hundeliebhaber etc. Man sagt: »Gleich und Gleich gesellt sich gern«. Über die Lebensumstände, Interessen und Gewohnheiten finden gleich gesinnte Menschen zueinander.

2. Wie innen, so außen

Diesen Satz darf man nicht mit dem Gesetz der expliziten Ordnung (Wie oben, so unten) verwechseln. Denn während es sich beim Gesetz der expliziten Ordnung um eine vertikale Analogie handelt, handelt es sich beim Gesetz der Anziehung um eine horizontale.

Wie innen, so außen bedeutet, dass wir alle Umstände, welche wir in unserem Leben vorfinden, auch in uns finden, denn dort liegt ihr Ursprung. Unsere Umwelt ist nur ein Spiegelbild unseres Denkens. Oder anders ausgedrückt, stellt unsere Umwelt einen Spiegel unserer vorherrschenden Gedanken dar. Dies brachte Johann Wolfgang von Goethe passend zum Ausdruck, als er sagte: *»Alles Sichtbare ist nur ein Gleichnis.«*

Wenn einem in seinem Leben also etwas nicht gefällt, so suche er den Grund dafür in seinem Inneren, denn alles, was ein Mensch im Außen wahrnimmt, findet er primär in sich selbst. Genau genommen erleben wir nämlich in unserer Umwelt nichts anderes als uns selbst. Wogegen wir in unserer persönlichen Umgebung kämpfen, sind ausschließlich – wir selbst.

Wir betreiben im Grunde nichts anderes als eine Spiegelfechterei. Wir versuchen unsere Umwelt zu verändern, ohne uns darüber im Klaren zu sein, dass der einzig erfolgreiche Weg der Veränderung über unser Inneres führt. Wer die Welt verändern will, muss bei sich selbst beginnen. Mahatma Ghandi formulierte dies so: *»Du musst die Veränderung sein, die du in der Welt sehen willst.«*

Wer also im Spiegel eine grimmige Person erblickt, sollte lächeln, denn nur dann wird die Person im Spiegel das Lächeln erwidern. Dies ist die einzige erfolgreiche Methode, Dinge zu verändern.

3. Unsere Gedanken formen unser Leben

Dies ist der entscheidende Punkt, den es zu verstehen und zu akzeptieren gilt. Unsere Gedanken sind nicht unbedeutend oder gleichgültig. Unsere vorherrschenden Gedanken und geistigen Bilder sind für unser Leben von extremer Bedeutung, denn sie sind elektromagnetische Ströme, welche man in einem Elektro-Enzephalogramm (EEG) darstellen kann. Dabei kann man diese sogenannten Mikroströme nicht nur im Gehirn erfassen, sondern auch außerhalb des Kopfes. Unser Gehirn arbeitet quasi wie ein Radiosender, der elektromagnetische Signale aussendet.

Erinnern wir uns an das erste universelle Gesetz: »Das All ist geistig.« Der Geist formt die Materie. Materie ist bis zum Nullpunkt verlangsamte Energie. Damit sind unsere Gedanken, obwohl sie für unsere Augen unsichtbar sind, als elektromagnetische Energie gleich real, wie ein Stock oder ein Stein. Unsere Gedanken sind eine ungeheure Macht, welche als elektromagnetische Ströme ausgesandt uns die Dinge vom Feinstofflichen ins Grobstoffliche herüberziehen.

Egal was Sie denken, Sie formen Ihr Leben durch unsichtbare Energiestrukturen, die unsichtbare Kräfte um sich sammeln, um sich in der Materie zu verwirklichen. Ob Sie nun positive oder negative Gedanken hegen, Sie konstruieren ein Gedankenbild, welches nach dem Gesetz der Anziehung (Gleiches zieht Gleiches an) seine Entsprechung in der Materie manifestiert. Unser Geist formt das, was wir denken.

Die Manifestation unserer Gedanken läuft auch konform mit dem Gesetz der Entsprechung (Wie im Großen, so im Kleinen). Der Vorgang der Schöpfung ist auf allen Ebenen möglich. Wenn der Schöpfer das Universum durch einen Gedanken erschaffen kann (Großes), dann können wir Menschen unser Leben mit unseren Gedanken formen (Kleines).

Dass wir nicht Opfer unseres Schicksals sind, sondern die Schöpfer unseres Lebens, wussten die Menschen schon seit tausenden von Jahren. Sie wussten, dass die feinstoffliche Energie mit ihren Informationsmustern die Materie formt und die Menschen kraft ihrer Gedanken ihr Leben gestalten können. So lautet die siebente Weisheit des Zarathustra:

»In dieser Schule der Erkenntnis wird sich die Seele ihrer Gotteskindschaft bewusst und sie wird begreifen, dass sie selbst die Schöpferin ihres Schicksals ist ...«

Und im Talmud steht geschrieben:

»Achte auf deine Gedanken, denn sie werden Worte.
Achte auf deine Worte, denn sie werden Handlungen.
Achte auf deine Handlungen, denn sie werden Gewohnheiten.
Achte auf deine Gewohnheiten, denn sie werden dein Charakter.
Achte auf deinen Charakter, denn er wird dein Schicksal.«

Nehmen Sie nun den ersten Teil des ersten Satzes und verbinden Sie ihn mit dem zweiten Teil des fünften Satzes, so erhalten sie als Kurzform: *Achte auf deine Gedanken, denn sie werden dein Schicksal!*

Buddha lehrte die Menschen: *»Alles, was wir sind, ist ein Resultat dessen, was wir gedacht haben.«*

Leo Graf Tolstoi schrieb: *»Der Gedanke ist alles. Der Gedanke ist der Anfang von allem. Und Gedanken lassen sich* *lenken. Daher ist es das Wichtigste: Die Arbeit an den Gedanken.«*

Unsere Gedanken sind eine Macht, denn unsere vorherrschenden Gedanken werden wahr.

Jeder Eingeweihte, der jemals auf der Erde inkarnierte, war sich des Gesetzes der Anziehung bewusst. Erst in unserer »modernen und aufgeklärten« Zeit ist es um dieses Wissen still geworden.

Ausschlaggebend für die Gestaltung unseres Lebens sind die Bilder in unserem Kopf; unsere geistigen Bilder – unsere Träume, Visionen, Ziele, Pläne und – Ängste. Sie formen unsere Realität. Mit ihnen bringen wir die unsichtbaren Kräfte in Bewegung, die uns aus der Feinstofflichkeit das Gewünschte in die Materie herüberziehen.

Wenn man hört, dass Träume für unsere Realität von großer Bedeutung sein sollen, ist man im ersten Augenblick vielleicht etwas verwirrt, denn Traumforschung und Traumdeutung passen absolut nicht zu diesem Thema. Doch welche Art von Träumen für uns so wichtig ist, beschrieb T. E. Lawrence so treffend:

»Alle Menschen träumen, aber nicht in gleichem Maße. Diejenigen, die nachts in staubigen Winkeln ihres Bewusstseins träumen, wachen am Morgen auf, nur um festzustellen, dass es Schäume waren. Tagträumer aber sind gefährliche Menschen, denn sie können ihre Träume sehenden Auges ausleben, um sie zu verwirklichen.«

Es sind also nicht unsere nächtlichen Träume, sondern unsere Tagträume, die an der Erschaffung unseres Lebens in so hohem Maße beteiligt sind. Während in unserer Gesellschaft den

Kindern aberzogen wird, Tagträumen nachzuhängen, wissen die Eingeweihten sehr wohl, wie wichtig es ist, sowohl bei Tag als auch bei Nacht zu träumen. Je mehr, desto besser. Denn je mehr wir an unseren Wünschen und Vorstellungen bei Tage geistig bauen, desto eher werden unsere nächtlichen Träume die gleichen Gedanken weiterspinnen und vollenden helfen.

Wer bei Tag aber nur Trübsal bläst, darf sich nicht wundern, wenn er des Nachts sich im gleichen Gedankenkreis wiederfindet und des Morgens umso elender erwacht. Mit der Beschaffenheit unserer Tagträume bringen wir Wohl oder Elend in unser Leben. Dabei ist jeder unserer täglichen Gedanken – sei es im Positiven oder Negativen – ein Baustein unseres zukünftigen Lebens. Jede geistige Stimmung, in der wir länger verweilen, bringt uns den Dingen und Umständen näher, die mit dieser Stimmung in Resonanz stehen.

»Sechzig Sekunden der Träumerei sind sechzig Sekunden lebendiger Ruhe für Leib und Geist. Selbst in der niederen Region materiellen Erfolges wird der Sieger bleiben, dem es möglich ist, nach Willen zu ruhen, d. h. passiv zu werden und Gedanken nach Willkür aus sich weg zu weisen. Er hält die Zügel des Lebens, denn in den Momenten der Versunkenheit öffnet sich das Tor für neue Ideen, Pläne und Unternehmungen, die dann, im wachbewussten Zustande still und zähe festgehalten, ihm die Erfüllung, die Realität bringen«, stimmt uns Mulford in dieses Thema ein und fährt fort:

»Die Menschen von heute sind alle atemlos, rasen jahraus, jahrein ein totes Rennen im Karussell der ewig gleichen Gedanken! Wie könnten sie in diesem abgehetzten Zustande auch nur fähig sein, Gelegenheiten wahrzunehmen, die auf ihrem Wege liegen; und wenn sie sie wahrnehmen, fehlt der Mut des spannkräftigen Zugreifens. Sie tun heute genau das Gleiche wie ges-

tern und nur, weil sie es gestern taten. Sklaven ihres eigenen Gemütszustandes, der sie an Ketten stärker als Stahl niederhält im Banne immer gleicher, jagender, hündischer Gedanken! Sie glauben immer etwas tun zu müssen – vornehmlich etwas ›Nützliches‹ mit Händen und Hirn! Auch im Schlafe rackern sie sinnlos weiter – wie blinde Pferde am Seil! Ihr Erwachen ist ohne Frische – der Schlaf ist ihnen nicht das Lebenselixier wie denen, die eine Kultur des Träumens besitzen oder der Versenkung, Konzentration – wie immer man es nennen mag. –

Auf Seereisen werden die rastlosen Barbaren durch alle Kabinen rasen von einem Ende des Schiffes zum andern; werden suchen, sie wissen nicht was! In der Eisenbahn beherrscht sie der ungeduldige Wunsch, so schnell wie möglich ans Ziel zu kommen – sobald sie am Ziel sind, wissen sie nicht, was mit sich anfangen. In ihrem eigenen Heim wird unaufhörlich herumgewirtschaftet – am Ende des Tages ist dann für wahren Vorteil und wirkliches Gedeihen fast nichts geschehen!« [32]

In unseren Tagträumen sollte man aber nicht sinnieren, wie man den Alltag meistert, sondern man sollte über die Realität hinausgehen. Wer nur akzeptieren kann, was gerade ist, wird kraft seiner Gedanken nur noch mehr davon erschaffen, was eben gerade ist.

Ein so denkender Mensch befindet sich in der berühmten Tretmühle. Deshalb ist es so wichtig zu sehen, was noch nicht ist, um genau diese Dinge zu kreieren. Man muss über das, was ist, hinwegblicken und – Luftschlösser bauen. Der irische Schriftsteller George Bernard Shaw brachte dies auf den Punkt, als er schrieb: *»Ihr aber seht und sagt: Warum? Aber ich träume und sage: Warum nicht?«*

Luftschlösser zu bauen ist eine derart mächtige, schöpferische Tätigkeit, dass Prentice Mulford beschrieb, dass aus dem Vorgang, *»Luftschlösser zu bauen, die Paläste dieser Erde entstehen«,* und dass, in Anbetracht dessen, was wir aus dem Gesetz der Geistigkeit wissen, *»Luftschlösser fertigbauen das solideste Realitätengeschäft ist und der Grund sie noch obendrein gar nichts kostet.« [33]*

Welche Position auch immer eine Person in unserer Gesellschaft bekleiden mag, es ist jene Position, in der er sich in der Vergangenheit gesehen hat.

Wer sich immer auf der gleichen Position sieht, hat keine Möglichkeit, zu besserer Stellung mit höherem Gehalt aufzusteigen. Wer sich immer auf der gleichen Sprosse der Leiter sieht, hat keine Möglichkeit, eine höhere Sprosse zu erklimmen. Das Weiterkommen beginnt damit, diese Position einmal psychisch zu verlassen.

»Das Fördern jedes Unternehmens beginnt in der Phantasie. Wer sich aus bescheidener Stellung zum Beherrscher von zwölf Eisenbahnlinien hinaufgearbeitet hat, war geistig immer seiner Stellung voran –: hatte er eine Stufe erreicht, sah er sich schon auf der nächsten«, erklärt Mulford und führt weiter aus: *»Wer es erträgt, jahrelang Lumpensammler zu sein, hat sich gewiss nie anders gesehen, hat psychisch die Grenze des Lumpensammelns nie verlassen. Beneiden mag er wohl solche, denen es besser geht – er wünscht sich manches, was sie genießen –, aber nie hat er zu seiner Seele gesprochen: ›Ich will und werde mich von diesem Berufe befreien, ich steige auf zu etwas Reinerem und Höherem als Lumpensammeln.‹ Neid allein bringt aber nicht vorwärts, und so bleibt er ein Lumpensammler sein Leben lang.« [34]*

Gedanken sind frei. In unserem Kopf können wir uns einen Spielplatz des Lebens bauen und kreieren, was wir sein oder haben wollen, ohne uns dem Spott anderer auszusetzen. In Gedanken kann jeder ein eigenes erfolgreiches Unternehmen leiten, materielle Güter besitzen und ein glückliches Leben führen. Solche Vorstellungen sind in unserem Kopf gleich legitim wie alle anderen, welche wir hegen.

Gleich den Tagträumen, die wir hegen, verhält es sich mit Visionen. Zu visualisieren bedeutet nichts anderes, als geistig die Erreichung eines Zieles vorwegzunehmen. Um im Leben Erfolg zu haben, bedarf es eines Zieles. Wenn wir die Erreichung unseres Zieles in Gedanken immer und immer wieder durchspielen, machen wir zwei Dinge: Erstens geben wir unsere Energie auf die Erreichung unseres Zieles und legen es damit in die richtige Schale.

Zweitens machen wir uns mit dem Gefühl vertraut, wie es sich anfühlen wird, wenn wir unser Ziel erreicht haben. Wenn diese Situation dann schlussendlich in unser Leben tritt, werden uns die mit dem Erfolg einhergehenden Veränderungen nicht beängstigen und überraschen, sondern die Situation wird uns schon vertraut vorkommen.

Albert Einstein hat dies so zum Ausdruck gebracht: *»Imagination ist alles. Sie ist die Vorschau auf die künftigen Attraktionen des Lebens.«*

Und Augustinus bestätigt: *»Zu glauben heißt, für wahr zu halten, was man noch nicht sieht. Der Lohn für solchen Glauben ist, dass das, was man noch nicht sieht, wahr wird.«*

Wie wir bereits wissen, gibt es keine Trennung zwischen Materiellem und Immateriellem. Die grobstoffliche Welt und die feinstoffliche Welt sind miteinander verschachtelt. Sie schwingen nur unterschiedlich hoch. Aus der feinstofflichen Welt kann man die grobstoffliche sehr gut erkennen, wogegen aus der grobstofflichen Welt es den Sensitiven und wirklich Eingeweihten vorbehalten ist, die feinstoffliche Welt wahrzunehmen. Was aber alle Menschen bewusst oder unbewusst tun, ist, die Dinge aus der geistigen Welt durch ihre Gedankenkraft in die Materie zu ziehen.

Bevor etwas in der grobstofflichen Welt geschieht, muss es in Gedanken Form angenommen haben. Unsere Gedanken bauen aus unsichtbaren Substanzen unsere Realität. Ziel ist es, am Ende des Visualisierungsprozesses die emotionale Erfahrung von Erfolg zu machen. Dies ist jedoch nur möglich, wenn man den Erfolg lange vor der gewünschten Erfahrung durch die Macht der Gedanken selbst erzeugt.

Wir erkennen den immensen Wert der Bilder in unserem Kopf. Dabei ist es unabdinglich zu verstehen, wie wichtig es ist, dass die Bilder in unserem Kopf auch von uns selbst stammen. Sie dürfen nicht von anderen kommen, sonst helfen wir nämlich die Ziele anderer zu verwirklichen, oder wir schaffen unsere eigenen Lebensumstände im Sinne anderer.

Dies gilt nicht nur für die Menschen in unserem persönlichen Umfeld, sondern auch für die Massenmedien. Wenn wir erkennen, wie mächtig unser Geist beim Umsetzen unserer geistigen Bilder ist, verstehen wir augenblicklich die Gefahr, wenn diese Bilder nicht in unserem Kopf entstehen, sondern uns von anderen vorgegeben werden. Massenmedien informieren die Menschen nicht, sondern programmieren diese. Daher sollte jeder Mensch sich gut überlegen, ob und wie lange er sich der Programmierung der Medien aussetzt.

***

Das Gesetz der Anziehung arbeitet nach dem Prinzip der Resonanz. Wir bestimmen durch unser Denken und unsere Aufmerksamkeit, was wir in unserer Umwelt wahrnehmen. Dabei filtern wir alle Bereiche aus, mit denen wir nicht in Resonanz stehen. Wir nehmen also nur wahr, was wir wahrhaben wollen.

In der Physik ist der Begriff der Resonanz eine bekannte Größe. Der Ausdruck »Resonanz« ist vom lateinischen Wort »resonare« abgeleitet und bedeutet nichts anderes als »zurück klingen«. Schlägt man eine Stimmgabel an, setzt man damit eine Welle in Bewegung. Diese Welle trifft auf andere Gegenstände und regt diese zum Mitschwingen an.

Dabei ist es interessant zu beobachten, dass ausschließlich Gegenstände beginnen mitzuschwingen, welche eine Eigenfrequenz aufweisen, die exakt der Erregerfrequenz entspricht. In diesem Fall handelt es sich um Resonanz. Dabei braucht die Welle kaum Energie, um den entsprechenden Körper in Schwingung zu versetzen. Eine zweite Stimmgabel schwingt also nur dann mit, wenn sie die gleiche Frequenz besitzt. Besitzt sie eine andere Frequenz, nimmt sie die Erregerfrequenz gar nicht wahr.

Dieses Prinzip der Resonanz spielt aber nicht nur in der Physik eine wichtige Rolle, sondern auch für uns Menschen in der Gestaltung unseres Lebens. Wir brauchen nämlich für jede äußerliche Wahrnehmung eine innere Entsprechung, die in der Lage ist mitzuschwingen, sonst ergeht es uns so wie der Stimmgabel mit der falschen Frequenz – wir nehmen den äußeren Reiz nicht wahr, weil wir nicht in Resonanz dazu stehen.

Wir kommen also zeit unseres physischen Lebens nur mit Personen oder Situationen in Kontakt, mit denen wir durch unser Denken oder Sprechen in Resonanz stehen. Diese Erkenntnis hat weitreichende Folgen.

Wie im Negativen, so im Positiven …

Um das Gesetz der Anziehung in vollem Umfang zu verstehen, ist es nötig zu begreifen, dass wir zu allem, was wir in unserem Leben vorfinden, eine Resonanz besitzen – dass ALLES durch unsere vorherrschenden Gedanken von UNS erschaffen wurde! Ohne Ausnahme! Viele Menschen akzeptieren gerne, dass sie das Positive in ihrem Leben kreiert haben, die Verantwortung für die Dinge, welche ihnen in ihrem Leben nicht passen, schieben sie aber brüskiert von sich. Doch das Leugnen hilft nichts. Deshalb nochmals und in aller Deutlichkeit: *ALLES, was wir in unserem Leben vorfinden, wurde von UNS angezogen!*

Wir sind keine Opfer im Leben, wir sind Schöpfer und Mitschöpfer. Universell gesehen gibt es keine Opfer. Der Umstand, warum dies nicht verstanden und akzeptiert wird, liegt in der Tatsache, dass die meisten Menschen das Gesetz der Anziehung nicht im vollen Umfang erfasst haben. Deshalb wollen wir uns dies im Detail ansehen.

Alles, worauf wir unsere Aufmerksamkeit richten, ziehen wir in unser Leben. Alle Dinge, denen wir durch unsere Aufmerksamkeit Energie zuführen, erfahren durch diese Energie Wachstum. Dabei ist es vollkommen unwichtig, ob uns diese Dinge angenehm sind oder nicht. Wenn sich ein Mensch vor etwas fürchtet, gibt er Energie genau auf diese Sache, vor der er sich fürchtet, und zieht diese Sache in sein Leben. Wenn jemand versucht Dinge zu vermeiden, oder ihnen aus dem Weg gehen will, verstärkt er sie, indem er seine Aufmerksamkeit und Energie auf sie richtet.

Während also die einen an die Dinge denken, die sie wollen und damit bekommen, denken andere an Dinge, die sie nicht wollen – und bekommen damit das, was sie nicht wollen.

Der Schweizer Psychoanalytiker C. G. Jung fasste dies so in Worte: *»Wogegen du deinen Widerstand richtest, dem schaffst du Bestand.«*

Wer also gegen etwas ist, zieht genau dieses an und wird es ohne Zweifel erhalten. Es ist im Leben so, dass diejenigen, welche am meisten über Krankheiten sprechen, Krankheiten auch anziehen; jene, welche über ihre Armut sprechen, noch mehr Armut anziehen; die, die über ihre Missgeschicke sprechen, noch mehr Missgeschicke anziehen und diejenigen, welche andauernd über ihre Erfolglosigkeit klagen, noch mehr davon anziehen. Alles findet seine Ursache im falschen Denken der Menschen und in der Umsetzung dieses Denkens durch das Gesetz der Anziehung.

Schließen wir diesen Kreis. Wenn wir verstehen, dass wir alles, was uns in unserem Leben widerfährt, selbst angezogen haben, können wir erkennen, dass es keine Täter und Opfer gibt, sondern nur Schöpfer und Mitschöpfer der gleichen Tat. Dies ist keine Entschuldigung oder Freispruch eines Täters, sondern eine Erklärung aus spiritueller Sicht.

Niemand freut sich über Raub, Mord und Vergewaltigung. Niemand heißt das gut. Aber wenn man versteht, dass das »Opfer« die unangenehme Erfahrung durch seine Angst oder sein wiederholtes Denken und Sprechen selbst in sein Leben eingeladen hat, wird man sorgsamer in der Qualität seiner Gedanken werden. Man muss seinen Blickwinkel ändern, um aus diesem

Opfer-Täter-Denken auszusteigen und zu akzeptieren, dass Menschen im Leben mit ihren Ängsten konfrontiert werden – und dass es keine Opfer äußerer Umstände gibt. Ghandi brachte dies zum Ausdruck, als er sprach: *»Niemand kann dir wehtun ohne deine Zustimmung.«*

Man bewegt sich im Leben immer darauf zu, worauf man seine Aufmerksamkeit richtet. Im Physischen ist dies leicht zu erkennen. Sie sind sicher schon einmal mit einem Fahrrad gefahren und in die Situation gekommen, dass ihnen ein Stein im Weg liegt. Es ist weit und breit der einzige Stein auf der Straße, doch schaffen sie es, genau darüber zu fahren und ihre Felge zu ruinieren. Der Grund dafür ist, dass die Menschen, wenn sie in Bedrängnis kommen, sich genau auf das fixieren, was sie um jeden Preis vermeiden wollen. Doch genau damit stellen sie eine Verbindung dazu her. Sie bewegen sich immer auf das zu, worauf sie ihre Aufmerksamkeit richten.

Jeder Fahrlehrer wird ihnen sagen: »Blicken sie dorthin, wohin sie fahren wollen. Im Unterbewusstsein lenken sie ihr Fahrzeug genau dorthin.« Doch warum wenden die meisten Menschen diesen Rat im Leben nicht an? Warum richten sie ihre Aufmerksamkeit nicht auf die Dinge, die sie wollen?

Wenn wir erkennen, dass wir alles im Leben selbst anziehen, werden wir unsere Energien auf die Dinge richten, die wir wollen. Denn es geht auch im Positiven. Es ist nämlich auch so, dass diejenigen, welche am meisten über Wohlstand sprechen, auch wohlhabend sind; diejenigen, welche am meisten über Reichtum sprechen, auch reich sind; diejenigen, welche am meisten über Gesundheit sprechen, auch gesund sind; und diejenigen, die positiv über das Leben sprechen, auch weitere positive Erfahrungen in ihr Leben ziehen. Wohlstand, Gesundheit und Glück sind also kein Geschenk, sondern eine Geisteshaltung. Erinnern wir uns, dass jemand, der das Leben gut behandelt, vom Leben gut behandelt wird …

Ähnlich wie mit den »Opfern« verhält es sich mit den »Zufällen«. Wenn wir mit dem Gesetz der Anziehung vertraut sind, wissen wir, dass jede Erfahrung, die wir im Leben machen, die Folge eines Wunsches, eines Gedankens oder einer Angst darstellt. Wenn man diesen Gedanken zu Ende denkt, so ergibt sich daraus eine interessante Konsequenz: nämlich die, dass es keine Zufälle geben kann.

Zufälle könnten nur in einem Chaos entstehen, doch wie wir bereits wissen, folgt das Universum einem Plan und den universellen Gesetzen. Dies macht es uns erst möglich, gewisse Vorrausagen zu treffen und unserem Leben Richtung zu geben.

Wenn wir uns im Alltag über so genannte Zufälle freuen oder ärgern, sollten wir bedenken, dass Zufälle zwar Ereignisse sind, mit denen wir im besagten Moment nicht gerechnet haben, die aber zweifellos von uns verursacht wurden.

In diesem Zusammenhang erkennen wir auch Folgendes: *Dinge, die uns widerfahren, sind nicht »gottgewollt«, sondern »selbst verursacht«!*

Dinge, die uns widerfahren, entspringen nicht einer Willkür Gottes, sondern ausschließlich dem Denken und Handeln von uns Menschen. Wir tragen die volle Verantwortung. Wie wir bereits wissen, gibt Gott uns wohlwollend die Möglichkeit, in der Polarität gemäß unseres freien Willens Erfahrungen zu machen und daran zu wachsen. Er hat keinen Grund, jemanden für etwas zu bestrafen, denn gemäß seinen universellen Gesetzen gestaltet sich unser Leben nach dem Gesetz der Anziehung und dem Gesetz von Ursache und Wirkung – rein nach unserem Denken und Handeln.

***

Kommen wir auf die kapitalen Fehler in Bezug auf das Manifestieren zu sprechen. Im Großen und Ganzen begehen Menschen, die mit der Thematik des Erschaffens vertraut sind, zwei gravierende Fehler:

1. Falsche Ausrichtung der Aufmerksamkeit
2. Falsche Ziele

Ausrichtung der Aufmerksamkeit

Viele Menschen bringen keine bewussten schöpferischen Absichten hervor, sondern beobachten stattdessen einfach, was in ihrer Umgebung geschieht. Der Großteil der anderen Menschen denkt permanent an die Dinge, die sie nicht wollen, und wundert sich, wenn diese dann in ihr Leben treten.

Richten Sie daher ihre Aufmerksamkeit immer auf das, was sie wollen, und niemals auf das, was sie zu vermeiden trachten. Konzentrieren Sie sich immer darauf, für etwas zu sein anstatt gegen etwas. Das Universum unterscheidet nicht, ob Sie für etwas sind oder dagegen. Das, worauf Sie ihre Aufmerksamkeit lenken, dem geben Sie Energie und das ziehen Sie an.

Wäre eine Person zum Beispiel gegen Atomstrom, wäre es sinnlos, gegen Atomstrom zu arbeiten, vielleicht sogar dagegen zu protestieren und zu demonstrieren. Diese Person verwendet ihre Energie nämlich genau auf das, was sie nicht will, nämlich den Atomstrom, und unterstützt ihn damit. Erfolgreich wäre es, die Aufmerksamkeit auf alternative Energien (Solar, Wind, Wasser) zu richten und damit die Energien für die Dinge zu verwenden, die diese Person ja eigentlich will.

Der richtige Weg, Dinge zu manifestieren, ist immer der, FÜR etwas zu sein und nicht GEGEN etwas zu sein. Wenn man etwas NICHT will, muss man FÜR das Gegenteil dieser Sache sein. Nur so kommt man zum Erfolg.

In diesem Zusammenhang muss auch der Fehler der Ungeduld erwähnt werden. Man muss bedenken, dass jeder Gedanke eine feinstoffliche Energie darstellt. Jede feinstoffliche Energie ist eine feinstoffliche Realität. Daher ist jeder unserer Gedanken augenblicklich eine feinstoffliche Realität. Zum Glück werden unsere Gedanken aber nicht sofort zur physischen, grobstofflichen Realität, denn sonst wäre hier auf Erden ganz schön was los, würden sich alle unbedachten Schimpf- und Hassgedanken augenblicklich verwirklichen.

Es gibt für uns Menschen also einen Zeitpuffer zwischen dem Einsetzen unserer Gedanken und deren Manifestation. Wir haben quasi Bedenkzeit, Feineinstellungen an unseren Gedanken vorzunehmen, ihre Richtung zu korrigieren oder sie gänzlich zu verwerfen. Je mehr Energie wir den feinstofflichen Realitäten zukommen lassen, desto eher ziehen wir dann die Dinge von der Feinstofflichkeit ins Physische.

Während dieses Zeitpuffers kann uns aber unsere Ungeduld einen Strich durch die Erreichung unseres Zieles machen. Wenn wir nicht erwarten können, dass die Dinge in unser physisches Leben treten, lenken wir unsere Aufmerksamkeit und Energie weg von dem Ziel hin zu dessen Abwesenheit.

So vergeuden wir unsere Kraft, weil wir nicht länger auf das Gewünschte ausgerichtet sind, sondern auf die Abwesenheit dessen. Damit manifestieren wir die Abwesenheit des Gewünschten und sind uns selbst in der Erreichung unseres Zieles im Wege.

Richtig zielen will gelernt sein ...

Die meisten der in den letzten Jahren erschienenen Wunscherfüllungsbücher gaukeln ihren Lesern vor, dass diese ALLES im Leben erreichen könnten, wenn sie nur fest an der Erreichung des Gewünschten festhalten würden. Aber das stimmt nicht. Nicht alles ist erreichbar, denn es gibt Beschränkungen, die nicht umgangen werden können – wo das Gesetz der Anziehung an seine Grenzen stößt.

Diese sind:

- der Lebensweg der Seele
- das Gesetz von Ursache und Wirkung
- unrealistische Ziele

Wie wir bereits wissen, schreibt sich die Seele einen Lebensplan und entwirft in groben Zügen den Ablauf der jeweiligen Inkarnation. Wenn nun die Richtung Ihres Denkens im krassen Widerspruch zu den Plänen Ihrer Seele steht, haben sie keine Chance, sich zu verwirklichen. Ist eine Seele unter der Annahme hier inkarniert, dass sie nur ein sehr kurzes Leben absolvieren wird, ist es für den Menschen sinnlos, sich Gedanken über Aktivitäten im Pensionsalter zu machen. Er wird es nicht erleben.

Wenn die Seele mit einer bestimmten Absicht hier inkarniert ist, z. B. um Barmherzigkeit zu üben, wird sich der Mensch immer wieder mit Situationen konfrontiert sehen, die der Seele die Möglichkeit bieten, die gewünschte Erfahrung zu machen.

Je älter und erfahrener eine Seele ist, desto geringer wird der Freiraum der Entscheidungsmöglichkeiten des Menschen. Innerhalb der Lebensplanung der Seele ist es dem Menschen aber möglich, die Dinge so zu erschaffen, wie er sie gerne hätte.

Ferner ist es unmöglich, mit dem Gesetz der Anziehung der Ernte der Taten zu entrinnen, die man in der Vergangenheit selbst gesät hat und die durch das Gesetz von Ursache und Wirkung wieder zu einem zurückkehren. Es ist also nicht möglich, selbst erschaffenes Karma einfach »wegzudenken«.

Selbst verursachtem Karma kann man nicht entrinnen, sondern nur durch eine Handlung in der Polarität wieder auflösen. Wer versucht, kraft seiner Gedanken Karma aufzulösen, wird merken, dass Karma stärker wirkt als die Macht der Gedanken.

Viele Menschen scheitern in ihrem Tun an der Tatsache, dass sie sich unrealistische Ziele setzen und damit Dinge visualisieren, die für sie absolut unerreichbar sind. Bleiben diese Ziele dann unerreicht, sind die Menschen frustriert und setzen das Visualisieren aus, bis sie sich das nächste unerreichbare Ziel vornehmen.

Ziele müssen realistisch sein. So kann nur jemand, der Bücher schreibt, davon träumen, einen Bestseller zu landen, nur jemand, der singen und tanzen kann, davon träumen, entdeckt zu werden und das Leben eines Stars zu leben. Es ist erschütternd, wie viele junge Menschen mit wenig bis gar keinem Talent ausgestattet sich regelmäßig bei irgendwelchen Castingshows bewerben und auf die große Karriere hoffen. Anschließend finden sie sich dann in Tränen aufgelöst wieder, weil der irreale Traum zerplatzt ist.

Positives Denken allein nützt gar nichts, man muss im Besitz der entsprechenden Voraussetzungen sein und vor allem – man muss auch aktiv sein.

Nur derjenige, der den Weg in die Richtung seines Zieles beschreitet, wird es erreichen. Jemand, der sich nicht bewegt, kommt nicht vom Fleck. Jemand, der ständig nur die Erreichung seines Zieles visualisiert, sich aber nicht aufmacht, um es zu erreichen, wird seinen Status Quo nicht verändern. Er wird trotz aller Visualisierungen und Tagträume an der gleichen Stelle bleiben, wo er ist. Schlimmer noch, wird dieser Mensch meist auch noch vom Leben für seine Versäumnisse in der Gegenwart gemaßregelt. Wenn jemand, der eine Prüfung ablegen soll, nur ein gutes Prüfungsergebnis visualisiert, ohne sich das nötige Wissen anzueignen, wird durchfallen.

Allein über das Gesetz der Anziehung Bescheid zu wissen, ist nicht genug. Es muss richtig angewendet werden, denn es ist nicht ausschlaggebend, was eine Person theoretisch weiß oder sagt, ausschlaggebend ist, was eine Person lebt. Nur das ist ihre Wahrheit zeigt ihre Entwicklung. Denn, wie wir wissen, kann man aus den äußeren Lebensumständen auf die inneren Zustände schließen.

***

Wir sind nun an einer Stelle angelangt, wo wir einerseits verstehen können, wie das Universum »funktioniert«, andererseits verfügen wir nun über das Wissen, wie wir unser eigenes Leben in eine gewünschte Richtung lenken können. Mit diesem Wissen bewaffnet, können wir unser Leben neu und nach unseren Vorstellungen erschaffen und die volle Verantwortung dafür übernehmen. Dies gelingt, wenn man sich der eigenen Stellung innerhalb unseres Universums bewusst wird.

Wir sind alle Kinder Gottes. Wir müssen nun aus der vermeintlichen Unmündigkeit und Machtlosigkeit treten und uns bewusst werden, dass wir als Kinder Gottes auch seine Erben sind, denen alle Ressourcen dieses Universums zugänglich sind. Wir sind keine durch Zufall entstandenen Wesen, die hier leiden müssen. Gott hat unsere Seelen nicht geschaffen, um uns zu beherrschen oder zu bestrafen, sondern um in diesem Universum der Polarität Erfahrungen zu sammeln und in seinem Licht zu wachsen.

Sind wir uns unserer Kraft und Fähigkeiten bewusst, können wir unsere Ängste getrost über Bord werfen. Ängste, Zweifel und Sorgen resultieren immer aus dem Nichtwissen über die Macht, das eigene Leben zu gestalten. Wer es schafft, diese negativen Emotionen zu überwinden, hat die Grundlage für ein freies und glückliches Leben geschaffen. Wer dem Licht seiner Seele erlaubt, sein Herz zu wärmen, wird keine Ängste mehr verspüren. Wer nicht ständig mit Schwierigkeiten rechnet, erschafft diese auch nicht. Wer sich nicht von Kleinigkeiten und Sorgen belästigen lässt, den beherrschen diese auch nicht.

Die meisten Menschen glauben, zu alt zu sein, um Veränderungen in ihrem Leben herbeizuführen. Doch aus zwei Gründen ist es nie zu spät, den erfolgreichen Weg des Manifestierens einzuschlagen:

Erstens wissen wir, dass es keinen Tod gibt, und damit das Lernen nie zu Ende ist. Wenn wir umdenken und die Fülle des Lebens bereits in diesem Leben genießen, starten wir mit völlig anderen Vorausetzungen in unser nächstes. Wenn wir in unserem jetzigen Leben unserem Ziel auch nur ein kleines Stück näher kommen, brauchen wir dieses Stück des Weges im nächsten Leben nicht mehr gehen und die Anstrengung war nicht umsonst. Es liegt an unserer Einstellung und nicht an der Anzahl unserer Jahre, ob wir unserem Geist erlauben, im Schaukelstuhl vor sich hinzuvegetieren, oder wir seine ewige Kraft und seine Fähigkeit akzeptieren, sich ständig zu erweitern.

Zweitens muss man nicht zwangsläufig wieder bei null beginnen. Wir können alte Pläne auf ihre Gültigkeit prüfen, sie gegebenenfalls wieder aufgreifen und diesen Plänen neue Energie geben. Eingelegte Pausen zerstören unsere geistigen Werke nämlich nicht, sondern lassen sie nur in ihrer Entwicklung stocken. Wenn wir uns zu einem späteren Zeitpunkt dazu entschließen, alten Vorhaben neue Energie zu geben, setzen wir den Weg dort fort, an dem wir ihn einst verlassen haben. Unsere geistigen Werke warten auf uns, um mit neuer Energie und frischem Wind ihre Manifestation fortzusetzen.

Wichtig ist es zu verstehen, dass die Geschwindigkeit der Manifestation abhängig ist von der Intensität und der Fülle an Details unserer Gedanken. Je mehr geistige Energie wir unseren Plänen zukommen lassen, je öfter wir an unseren Luftschlössern bauen, desto schneller werden sie vollendet sein. Umso größer die Intensität, desto schneller das Erscheinen in der Materie, welche ja nur die dichteste Ebene der geistigen Welt darstellt.

Jeder unserer Gedanken stellt im Unsichtbaren bereits eine Realität dar und je intensiver und länger wir an diesem Gedanken festhalten, desto schneller wird er in einer Form erscheinen, die wir mit unseren fünf Sinnen wahrnehmen können. So gesehen bauen Tagträumer mehr an ihrer Zukunft, als es so manchem »Realisten« bewusst ist, denn denkend und träumend erschaffen wir unsere zukünftige Realität.

Je detaillierter unsere Vorstellungen dabei sind, desto schneller schöpfen wir das Gewünschte aus der Feinstofflichkeit in die Materie. Je ausgeprägter die Einzelheiten, desto mehr Zeit und Aufmerksamkeit verwenden wir auf die Manifestation. Der Prozess der Schöpfung läuft immer gleich ab. Erst kommt der Gedanke, dann folgt die Manifestation. Wie schon Mulford sagte: *»Was wir am meisten denken, werden wir sein!«* Also sind wir das Resultat unserer eigenen Gedanken. Mit unseren Gedanken formen wir unser Schicksal. Damit ist unser physisches Leben der Ausdruck unserer Gedanken.

Wer dies erkennt, wird das Gesetz der Anziehung nicht als Arbeit oder Abkehr von der Freude verstehen, sondern wird begreifen, dass mit diesem Gesetz der Fluss der Fülle in Bewegung gesetzt wird. Gehen wir daran, mit unseren eigenen geistigen Bildern unser Leben zu gestalten, denn:

Ein erfülltes Leben bedeutet, dass unsere Träume Wirklichkeit werden ...

So ist die Welt erschaffen

Wir haben uns mit dem Aufbau und der Beschaffenheit unseres Universums beschäftigt. Die universellen Gesetze könnte man so zusammenfassen:

- Alles ist reine Energie.
- Alle Gesetze besitzen auf allen Ebenen die gleiche Gültigkeit.
- Leben bedeutet Bewegung durch Schwingung.
- Das Leben spannt sich zwischen zwei Polen auf.
- Dabei pendelt es zwischen diesen Polen.
- Eine Pendelbewegung nach links verursacht eine Pendelbewegung nach rechts.
- Die Androgynität des Universums wird in der Polarität zu männlich und weiblich, damit Leben entstehen kann.
- Alle Menschen besitzen einen freien Willen.
- Im Leben ist für alles im Überfluss gesorgt.
- Alles Leben geht den Weg der geistigen Entwicklung.

- Das Leben steht im Fluss von Benötigen, Nehmen, Nutzen und Zurückgeben.
- Die Umwelt des Menschen spiegelt sein Inneres, dabei kann der Mensch sein Leben wunschgemäß gestalten.

Das Leben und die damit verbundene zentrale Frage nach dem »Warum« lassen sich mit diesen Gesetzen schlüssig und nachvollziehbar erklären. Vielleicht ist auch bei Ihnen im Laufe der Lektüre dieses Buches das eine oder andere Mal ein »Aha-Effekt« aufgetreten. Man beginnt Dinge zu verstehen, erkennt verschiedene Zusammenhänge. Oft entwickelt man eine gewisse Euphorie über das erlangte Wissen. Man möchte dieses Wissen vielleicht hinaus in die Welt tragen und – stößt auf Desinteresse und Ignoranz.

Wer im Freundes- und Verwandtenkreis verkündet, er habe den Sinn des Lebens erkannt, wird ziemlich sicher in gequält lächelnde Gesichter blicken. Kaum wird er auf Interesse stoßen und Zustimmung ernten. Erinnern Sie sich doch an die Personen, die über ihr Nahtoderlebnis berichten wollten.

Nun sind Sie in einer ähnlichen Situation, mit dem einen Unterschied, nämlich dem, dass Ihr Wissen aus zweiter Hand stammt. Sie haben nicht die einschneidende Erfahrung gemacht – Sie haben nur darüber gelesen. Darum haben Sie nicht die Gewissheit derer, die die Möglichkeit haben oder hatten, in das Jenseits zu blicken. Während die Initiierten dieses Wissen uneingeschränkt als Wahrheit akzeptieren, bestehen bei Ihnen vielleicht Zweifel.

Dies ist nur allzu leicht nachzuvollziehen. Erfahrungsgemäß besteht eine Diskrepanz zwischen dem Wissen der Eingeweihten und dem, was die Menschen in ihrer Außenwelt – der so genannten »Realität« – wahrnehmen. Die Allgemeinheit spricht nicht über die universellen Gesetze, die Medien berichten nicht darüber, unsere Gesellschaft verhält sich diametral den universellen Gesetzen gegenüber. Warum ist das so?

Die Antwort ist einfach, trägt jedoch nicht dazu bei, dass wir uns besser fühlen: Unsere Gesellschaft hat ein falsches Weltbild!

Die universellen Gesetze sind in unserer Gesellschaft deswegen nicht zu erkennen, weil die Menschen im »Habenwollen« gehalten werden sollen anstatt im »Sein-Zustand«. Unser bestehendes Weltbild dient einer profitorientierten Gesellschaft. Nur der Erwerb von Waren zählt. Unsere materialistische Gesellschaft ist einzig und allein darauf ausgerichtet, die Wirtschaft über den Mechanismus des Konsums wachsen zu lassen. Mit spirituellen und philosophischen Dingen kann man keinen Gewinn erzielen. Denn mündige und wissende Menschen kaufen nicht mehr, als sie wirklich brauchen.

So wird dem Volk ein Weltbild suggeriert, das den Mächtigen ihre Macht erhält und den Reichen ihr Kapital vermehrt. Nicht mehr und nicht weniger.

So darf man sich nicht wundern, dass es in unserer Gesellschaft an allen Ecken und Enden krankt. Unsere Gesellschaft verstößt gegen das Gesetz des freien Willens, gegen das Gesetz des Flusses, gegen das Gesetz der Fülle – und erntet demnach, was sie nach dem Gesetz von Ursache und Wirkung sät, nämlich seelisches und geistiges Elend.

***

Um den Kreis zu schließen, kommen wir wieder auf das Wissen der Eingeweihten zurück. Diesen ist nämlich der wahre

Sinn des Lebens bewusst und welche Stellung sie im kosmischen Gefüge einnehmen.

Wie wir wissen, gibt es nach dem Gesetz der Geistigkeit keine feste Materie. Materie stellt nichts anderes dar als niedrig schwingende Energie. Also ist alles, was wir kennen, Energie auf verschiedenen Frequenzen schwingend. Dies haben wir beim Gesetz der Schwingung bereits festgestellt.

Wenn es nun aber keine Materie an sich gibt, folgt daraus, dass der Sinn des Lebens zwangsläufig auch nicht in der Materie liegen kann. *Der Sinn des Lebens liegt im Geistigen.*

Mit ihrem falschen Weltbild geht unsere Gesellschaft zielsicher am Sinn des Lebens vorbei. Denn, wenn der Sinn des Lebens nicht in der Materie, dem Grobstofflichen, zu finden ist, muss er im Feinstofflichen, im Geistigen, liegen. Erinnern wir uns doch an das Kapitel über die Seele. Am Ende unseres physischen Lebens nehmen die Seele und das Bewusstsein alle Erfahrungen dieser Inkarnation mit sich. Alles andere – Körper, Persönlichkeit, Ego – bleibt zurück.

Also ist der Sinn des Lebens ausschließlich die Erlangung von Erfahrung. Nicht die Erlangung von theoretischem Wissen – sondern von Erfahrung. *Man muss die Dinge erleben, um sie zu erfahren.* Dazu ist eine Änderung unseres Weltbildes erforderlich. Diese verändert dann automatisch unseren Blickwinkel. Demontieren wir also unser aktuelles Weltbild und bauen wir es neu auf.

Wir erinnern uns, dass die Seele 85 % ihrer Existenz als reine Energie in der Feinstofflichkeit verbringt und nur 15 % in einem physischen Körper, wie wir ihn kennen. Erinnern wir uns auch daran, dass die alten Ägypter die Toten als die Lebenden bezeichneten, während sie die Lebendigen als Schlafende sahen. Was schließen wir daraus?

Es stimmt, dass unsere wirkliche Existenz in der Feinstofflichkeit liegt und wir im Jenseits wirklich »leben«. Wir Menschen sind also keine körperlichen Wesen, welche eine spirituelle Erfahrung machen, sondern wir sind feinstoffliche Wesen, die gerade eine menschliche Erfahrung machen. *Wir sind unsterbliche spirituelle Wesen.*

Die Menschen müssen verstehen und akzeptieren, dass der Geist über die Materie herrscht, dass der Geist die Materie erschafft, dass hinter der Materie die feinstoffliche Welt steht, in der alles Physische ihren Ursprung hat.

Materie wird geschaffen und ist vergänglich. Wenn wir uns jedoch mit der vergänglichen Materie identifizieren, sitzen wir einer Illusion auf. Wir dürfen uns nicht länger auf unseren Körper und unser Denken beschränken lassen, wir sind so viel mehr als das. Wir müssen uns unserer Stellung im Universum wieder bewusst werden und damit beginnen, die Dinge wieder in die richtige Richtung zu lenken.

Dies wird uns umso leichter gelingen, wenn wir uns bewusst werden, dass unser Leben nur eines von vielen in einer langen Kette von Inkarnationen darstellt.

Das Leben ist ein Spiel

Schon William Shakespeare schrieb: Die ganze Welt ist eine Bühne. Und so inkarnieren wir Seelen hier auf Erden, um eine Rolle in einem Stück zu spielen. Doch wer die Spielregeln eines Spiels nicht kennt, wird auch wenig Spaß an diesem Spiel haben. Sehen Sie sich einmal ihre Mitmenschen an. Wer hat in unserer Gesellschaft noch richtig Spaß am Leben?

Wer zeitlebens gegen Wände läuft, weil er die Tür nicht findet, verliert den Spaß und zweifelt sehr schnell am Sinn des Lebens. Leider kennen die meisten Menschen in unserer Gesellschaft die Spielregeln des Lebens nicht. Es ist wie beim Fußball. Wer ins eigene Tor schießt, wird nicht den gewünschten Erfolg erringen und die Freude am Spiel verlieren.

Wie wir beim Gesetz der Anziehung gesehen haben, klagen in unserer Gesellschaft so viele Menschen über ihre Krankheit, ihr Schicksal, ihr Leid. Dabei sollten uns aber zwei Dinge bewusst werden. Erstens hat das selbst verursachte Leiden nur den Sinn, dass man sich bewegt und verändert. Zweitens – und nun zertrümmern wir die Stützen unseres alten Weltbildes – muss uns bewusst werden, dass uns in diesem Spiel nichts passieren kann.

Erinnern wir uns doch an die Aussagen der Menschen mit Nahtoderlebnissen oder an das Tibetanische Totenbuch. Alle Berichte bestätigen, dass beim Verlassen des physischen Körpers alle körperlichen Gebrechen augenblicklich verschwanden. Es kann uns nichts passieren, weil im Augenblick des Eintretens in das Jenseits wir uns wieder als heil erleben. Blinde können wieder sehen, Taube wieder hören, Gelähmte wieder laufen …

Wir sind geistige Wesen

Alle Gebrechen, Krankheiten und Leiden sind an unseren physischen Körper gebunden, der im Augenblick unseres physischen Todes mit dem Zerfall beginnt.

Mit dem physischen Körper lösen sich auch alle Leiden auf. Egal was uns in dieser Inkarnation körperlich passiert, ob jemand einen Arm oder ein Bein verliert, der Übergang in die feinstoffliche Welt gleicht einem Traum, aus dem man gerade erwacht. Daher noch einmal: *In diesem Spiel des Lebens kann uns nichts geschehen.*

Es ist wichtig zu erkennen, dass das Leben einen Sinn hat – und damit alles, was uns in unserem Leben widerfährt.

Es ist auch wichtig zu erkennen, dass das Leben nur ein Spiel ist und doch einen unschätzbaren Wert für uns besitzt. Und es ist schlussendlich wichtig zu erkennen, dass das Leben ein Geschenk ist. Unser Schöpfergott gibt uns in seiner grenzenlosen und bedingungslosen Liebe und Güte die Möglichkeit, hier auf Erden geistig zu wachsen und uns weiterzuentwickeln.

Sollten Sie nicht so recht an einen Gott glauben oder glauben können, möchte ich hier einige Gedanken diesbezüglich mit Ihnen teilen.

Eine nicht unbeträchtliche Anzahl von Menschen zweifelt an der Existenz Gottes angesichts der Tatsache, dass es so viel Leid, Ungerechtigkeit und Elend in dieser Welt gibt. Sie nehmen dies als Beweis dafür, dass Gott nicht existieren könnte. Sie argumentieren, wenn es Gott gäbe und er allmächtig und gütig wäre, er all dieses nicht zulassen würde. Denn besäße er die Allmacht und die Güte, würde er uns doch beschützen und all die Dinge ändern. So sehen diese Menschen diesen vermeintlichen Widerspruch.

Sie argumentieren weiter, dass wenn Gott allmächtig wäre und all die schlechten Dinge zulassen würde, würde er uns nicht lieben, denn sonst würde er uns beschützen.

Oder wenn er uns lieben würde, könnte er nicht allmächtig sein, weil er all das zulässt. Aus dieser Argumentation scheint es keinen Ausweg zu geben, daher ziehen diese Menschen den Schluss, dass es keinen Gott geben könnte.

Dieses Dilemma, in dem so viele Menschen gefangen sind, hat seine Ursache in unserem falschen Weltbild. Ferner ist es so, dass wir in unserer Gesellschaft nicht nur ein falsches Weltbild, sondern daraus resultierend auch eine falsche Vorstellung von Gott haben.

Unser traditionelles Gottesbild ist falsch

Wie sieht die Sachlage wirklich aus? Erinnern wir uns an die universellen Gesetze. Wie wir mittlerweile wissen, ist alles, was in unserem Universum tatsächlich existiert, das Licht und die Liebe unseres Schöpfergottes. Gott liebt uns Menschen bedingungslos. Er hat dieses Universum geschaffen, er besitzt die Allmacht. Es wäre für unseren Schöpfergott eine Kleinigkeit, all die Dinge zu ändern, von denen wir glauben, dass wir sie nicht haben wollen. Seine Macht reicht so weit, dass er augenblicklich die Existenz dieses Universums beenden könnte. Er hat es geschaffen, er könnte es wieder in sich aufnehmen.

Doch dann stellt sich die Frage: Warum schaut Gott bei allem zu?

Mit all dem Wissen, welches wir inzwischen über die universellen Gesetze besitzen, können wir diese Frage schlüssig erklären. Unser Schöpfergott gibt uns in seiner unermesslichen Güte die Gelegenheit, in diesem Universum Erfahrungen zu machen, zu lernen und zu wachsen.

Um Erfahrungen machen zu können, müssen wir die Möglichkeit besitzen, Entscheidungen zu treffen. Diese Möglichkeit basiert auf der Polarität. Wir schauen zurück: groß – klein, oben – unten, gut – böse … darauf baut unser Lernfeld auf.

Dabei besitzt jeder Mensch den freien Willen zu entscheiden, was er tut, welche Richtung er einschlägt, ob er irdische oder universelle Gesetze befolgt – oder auch nicht. Während aber ein Verstoß gegen irdische Gesetze ohne Konsequenzen bleiben kann, wenn man nicht erwischt wird, setzt ein Verstoß gegen universelle Gesetze immer das Gesetz von Ursache und Wirkung in Gang. So entgeht niemand seinem Schicksal, ohne zu ernten, was er säte …

Nun ist es wichtig zu verstehen, dass das soziale Leid und das Elend dieser Welt nicht gegeben sind, sondern der Absicht und dem freien Willen einer Gruppe von Menschen entspringen. Kriege, Hunger, Vertreibung … Diese Menschen respektieren die universellen Gesetze nicht und werden zweifellos die Ernte ihrer Aussaat erfahren.

Bleibt die Frage: Warum greift Gott nicht ein?

Die Antwort liegt auf der Hand. Das höchste persönliche Gesetz ist das Gesetz des freien Willens. Niemandem ist es erlaubt, in den freien Willen eines Menschen einzugreifen. Tut dies jemand trotzdem, verstößt er gegen dieses Gesetz. Die Folgen sind klar.

Dies ist der erste Grund, warum unser Schöpfergott all die Not und das Elend zulässt. Diese sind von Menschenhand verursacht und finden ihren Ursprung entweder im freien Willen gewisser Menschen oder – wir erinnern uns – persönlich im Gesetz von Ursache und Wirkung, in dem der Einzelne die Ernte seiner vergangenen Taten erfährt.

Würde unser Schöpfergott in dieser Situation eingreifen, so nähme er den betreffenden Menschen die Möglichkeit, ihre unrechten Taten energetisch wieder auszugleichen. Auch würde unser Schöpfergott gegen seine eigenen Gesetze verstoßen.

Es gibt aber noch einen weiteren Grund, warum Gott all das Negative zulässt. Denken wir doch einmal an unsere eigenen Kinder. Als Eltern wollen wir allen Schaden und alles Unheil von unseren Kindern fernhalten. Doch packen wir sie deshalb nicht in Watte, sondern geben ihnen gute Ratschläge mit auf den Weg und lassen sie ihre eigenen Erfahrungen im Leben machen. Wir rennen nicht ständig hinter ihnen her im Bemühen, Schmerz und Unannehmlichkeiten von ihnen fernzuhalten. Wir drücken ihnen gegenüber unsere Liebe dadurch aus, dass wir sie, zur Vorsicht mahnend, ihre eigenen Lektionen lernen lassen; hoffend, dass ihnen nichts Schlimmes zustoßen würde.

Wie oben, so auch unten. Nach dem Gesetz der expliziten Ordnung machen wir damit dasselbe, wie es unser Schöpfergott mit uns tut. Doch mit einem großen Unterschied. Er hofft nicht darauf, dass uns kein Leid zustößt. Er weiß, dass uns nichts geschehen wird. Doch aus dem Blickwinkel unseres aktuellen Weltbildes erkennen wir dies nicht, weil wir uns fälschlicherweise mit unserem Körper – der Materie – identifizieren.

Gott sieht deswegen zu, weil wir als geistige Wesen unverwundbar sind.

Bei den Erfahrungen, die wir hier auf Erden machen, können wir körperliche Schäden erleiden. Doch aus universeller Sicht ist es egal, was uns physisch in unserem Leben zustößt. Denn alle körperlichen Gebrechen lassen wir im Augenblick unseres Heimganges in die Feinstofflichkeit hinter uns.

Stellen Sie sich doch folgende Situation vor:

Sie stehen abends am Bett Ihres kleinen Kindes. Es schläft ruhig und friedlich. Während Sie so dastehen, erfüllt Sie ein Gefühl der Zufriedenheit und Zuneigung. Wie es da liegt, ein Teil von Ihnen. Plötzlich wird Ihr Kind unruhig, es zuckt und stöhnt – es träumt schlecht.

Sie setzen sich an den Bettrand und streicheln lächelnd über die Stirn des Kindes. Sie flüstern ihm leise zu: »Alles ist gut, mein Schatz. Es ist nur ein Traum. Es wird dir nichts passieren, denn ich wache über dich!«

Und haargenau das ist es, was Gott mit uns tut, wenn es uns schlecht geht ...

Quellenverzeichnis

1. Baigent, Michael, »Die Gottesmacher«, 2006, S. 183
2. Ebd., S. 184-185
3. Dethlefsen, Thorwald, »Schicksal als Chance«, 1979, S. 262
4. Ebd., S. 263
5. Holey, Hannes, »Jesus 2000«, 1997, S. 26
6. Chopra, Deepak, »Quantenbewusstsein«,
7. Icke, David, »Unendliche Liebe ist die einzige Wahrheit«, 2006, S. 39
8. Tompkins, Peter / Bird, Christopher, »Das geheime Leben der Pflanzen«, 1977, S. 67
9. Risi, Armin, »Licht wirft keinen Schatten«, 2004, S. 170
10. Ebd., S. 369-370
11. Cabobianco, Flavio, »Ich komm´ aus der Sonne«, 1994, S. 6
12. Ebd., S.7
13. Chopra, Deepak, »Quantenbewusstsein«
14. Ebd.
15. Dethlefsen, 1979, S. 35
16. Dethlefsen, Thorwald, »Das Leben nach dem Leben«, 1974, S. 124
17. Ebd., 1979, S. 213
18. Cabobianco, 1994, S. 18
19. Chopra, Deepak, »Quantenbewusstsein«
20. Moody, Raymond A., »Leben nach dem Tod«, 1977, S. 67
21. Ebd., S. 68

22. Ebd., S. 105

23. Ebd., S. 96

24. Dethlefsen, 1979, S. 205-206

25. Zürrer, Ronald, »Reinkarnation«, 2005, S. 101

26. Ebd., S. 121-122

27. Ebd., S. 123

28. Frankl, Viktor E., »Das Leiden am sinnlosen Leben«, 1977, S. 34

29. Moody, 1977, S. 147

30. Mulford, Prentice, »Unfug des Lebens und des Sterbens«, 1977, S. 108

31. Ebd., S. 118

32. Ebd., S. 33-34

33. Ebd., S. 173

34. Ebd., S. 74

Jürgen Majewski

Die Überwindung des Karmas

Die geistige Evolution der Menschheit

Ihre Entstehung- ihr Fall - ihr Aufstieg

168 S., broschur, € 14,95

ISBN 978-3-941435-09-4

Jürgen Majewski

Die Welt im Wandel

12 Schlüssel für einen Bewusstseinssprung

162 S. broschur, € 14,90

ISBN 978-3-941435-03-2

Duane Elgin

Das Lebende Universum

Woher wir kommen. Wohin wir gehen

248 S, broschur mit Abb., € 18,50

ISBN 978-3-941435-04-9